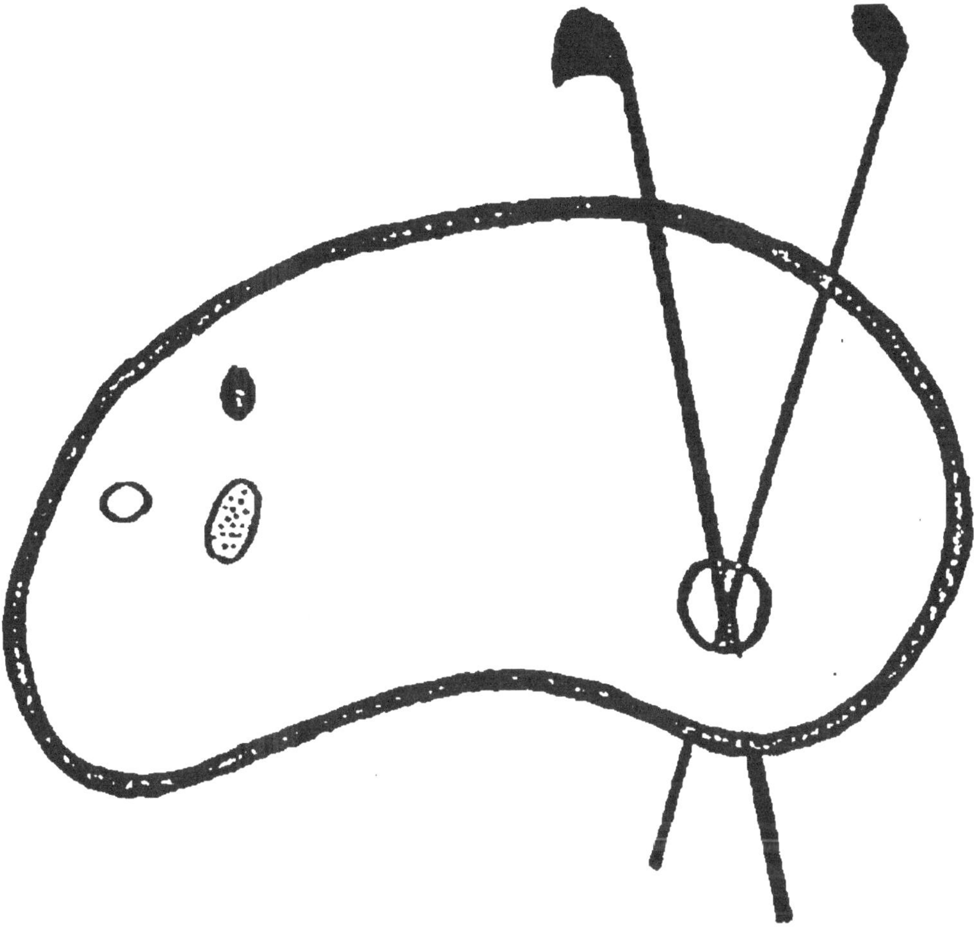

DEBUT D'UNE SERIE DE DOCUMENTS
EN COULEUR

BOULANGISME & BONAPARTISME

OU

LA RÉACTION MASQUÉE

PAR

P. CORDIER

PARIS

IMPRIMERIE TYPOGRAPHIQUE MAYER ET Cie

18, RUE RICHER, 18

—

M DCCC LXXXIX

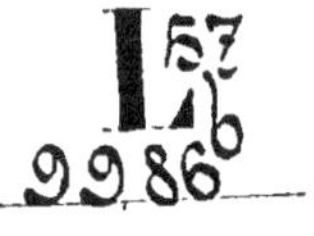

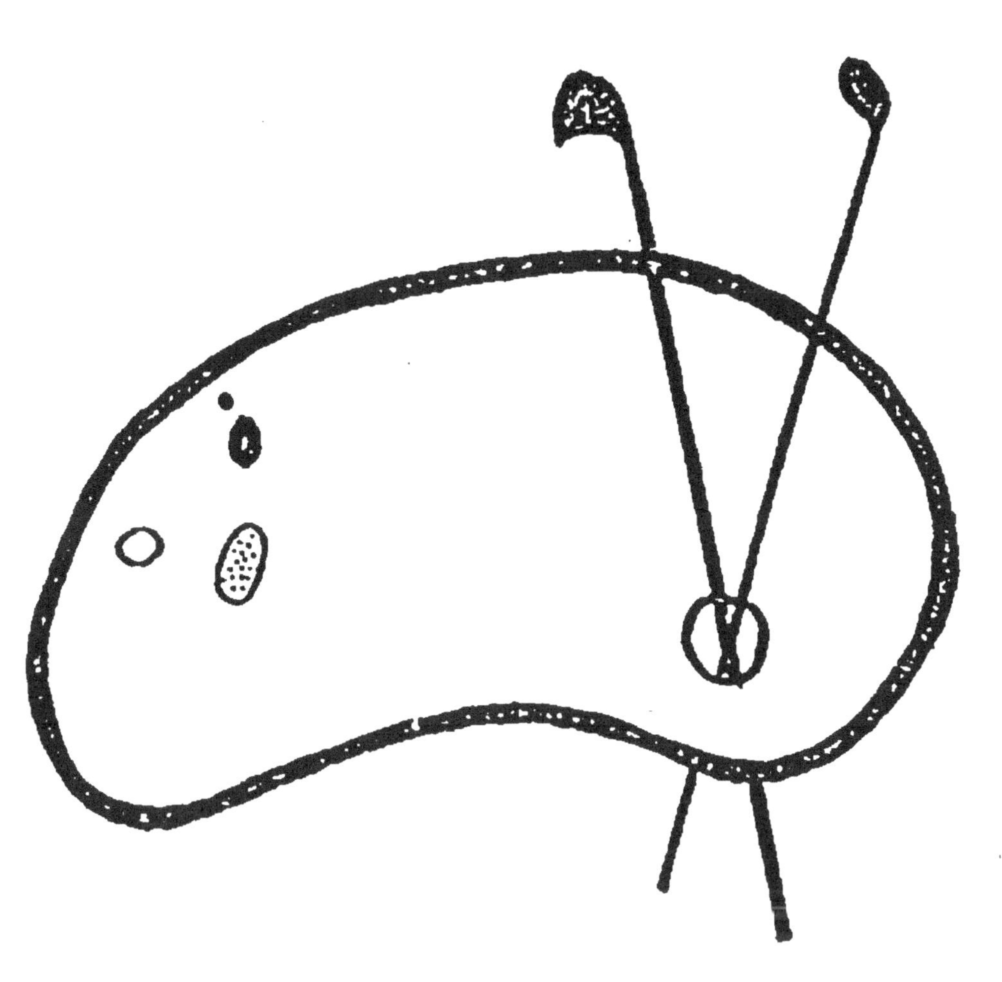

FIN D'UNE SERIE DE DOCUMENTS
EN COULEUR

BOULANGISME & BONAPARTISME

ou

LA RÉACTION MASQUÉE

PAR

P. CORDIER

PARIS

IMPRIMERIE TYPOGRAPHIQUE MAYER ET Cie
18, RUE RICHER, 18

—

M DCCC LXXXIX

DÉDICACE

I

Est-ce que nous ne savons pas que boulangistes et réactionnaires ne se gourment que pour les badauds et qu'au fond ils s'entendent comme larrons en foire ?

(*Bataille* du 27 avril 1889.)

ÉLECTEURS RÉPUBLICAINS !

Avant les élections qui, nous l'espérons, doivent terminer glorieusement l'anniversaire de notre Révolution, il est pénible, mais indispensable de jeter un coup d'œil rétrospectif sur l'élection qui l'a si honteusement inauguré. La journée du 27 janvier mérite plus que toute autre dans l'histoire le nom de journée des dupes, mais elle mérite surtout celui de journée des traîtres. Électeurs, on vous a indignement trompés. Après avoir par la calomnie jeté le désarroi dans les cœurs on a par la perfidie jeté la confusion dans les esprits. Ce n'est que de cette façon qu'on a pu amener à voter ensemble dans une promiscuité aussi insolite que monstrueuse les partisans du droit divin et les partisans du droit populaire. On a dit aux uns que Boulanger personnifiait la République convertie à la Monarchie. On a dit aux autres que Boulanger incarnait la Monarchie ralliée à la République. Aux premiers on a déclaré qu'il groupait autour de lui tous les conservateurs. Aux seconds on a affirmé qu'il faisait appel à tous les vrais démocrates. Électeurs, c'est par l'équivoque qu'on s'est emparé de vous. Cependant vous croyez, et nous croyons comme vous que la démocratie française est trop émancipée pour revenir aux doctrines surannées des réactionnaires, trop éclairée pour se laisser prendre aux théories usées des plébiscitaires. Mais ce que ni le fanatisme théologique des uns ni les sophismes métaphysiques des autres n'ont pu faire isolément, ils l'ont fait en se coalisant et pour la troisième fois la démocratie s'est trouvée prise entre ces deux feux. Certes ces considérations ne retirent rien au machiavélisme des exploiteurs et à la naïveté des exploités. Et si notre devoir est de flétrir les uns, notre devoir est aussi d'admonester les autres. Mais nous voulons surtout, électeurs républicains, en vous faisant remarquer les conditions toutes spéciales de la journée du 27 janvier, protester contre ceux, amis ou ennemis, qui y voient le relèvement de la Monarchie et l'agonie de la République.

Et tout d'abord, en ce qui concerne les principes, les monarchistes sont tout aussi et même plus compromis que les républicains dans l'aventure boulangiste. Car si les réactionnaires de toutes nuances peuvent avec raison rire sous cape en voyant une partie de la démocratie, à la veille de l'anniversaire de la Révolution, élever un piédestal au pouvoir personnel, les républicains ont non moins raison de rire en voyant la monarchie abandonner une à une toutes ses traditions. Au point de vue des principes, les bonapartistes, il est vrai, n'ont rien à perdre, mais les royalistes qui s'étaient déja déconsidérés en 1851 en marchant à la remorque d'un César, sont bien près d'être déshonorés aujourd'hui en se groupant autour d'un Césarion.

En ce qui concerne les résultats, nous ne croyons pas que la monarchie doive concevoir de si vives espérances et que la démocratie doive se laisser aller au désespoir. L'histoire démontre que les tentatives de relèvement de la monarchie sont de plus en plus difficiles. La réaction, qui grâce au premier empire a triomphé complètement, n'a triomphé qu'incomplètement grâce au second. Car si une restauration a été deux fois possible à la faveur de nos désastres avant et après Waterloo, elle a été impossible après Sedan à la faveur de ces mêmes désastres malgré les tentatives avortées de 1871 et de 1877. Nous avons donc tout lieu d'espérer que cette fois la réaction ne triomphera pas du tout, ni sous forme de royauté ni sous forme d'empire. D'un autre côté, la résistance de la démocratie peu prononcée avant et après le premier coup d'État, plus accentuée avant et après le second, se montre bien plus énergique aujourd'hui en face des menées césariennes. D'ailleurs, si deux fois la République a pu se relever après sa chute plus puissante et plus florissante que jamais, comment ne se relèverait-elle pas de ce qui n'est qu'une défaillance momentanée et passagère ?

Sans laisser le découragement pénétrer dans vos cœurs, serrez donc les rangs de votre glorieuse phalange, vaillants républicains qui au 27 janvier avez tenu haut le drapeau de la République. Et vous dissidents de la veille, républicains dévoyés, secouez votre torpeur, ralliez-vous à ces glorieux vaincus, les vainqueurs de demain et montrez à la face du monde que le pays où les idées germent, éclosent et s'épanouissent n'est pas encore dégénéré au point de se courber sous la botte d'un soldat.

VIVE LA FRANCE ! VIVE LA RÉPUBLIQUE !

II

INTRODUCTION

> Oui, Jacques Bonhomme, ouvrier, ar-
> tisan, tu as lutté des siècles, versé des
> torrents de vie, pour dégager ton cou du
> talon des nobles et des prêtres...
> Après dix-huit ans de République,
> quand tu as le droit de lui demander en-
> fin l'explosion de tes rêves, un Judas
> arrive, te donne le baiser de paix et te
> livre en proie aux prêtres et aux phari-
> siens.
>
> (LISSAGARAY. — *Bataille* du 19 mars
> 1889.)

L'auteur de cet écrit n'a pas été le dernier à entrevoir
et à signaler le danger du boulangisme qu'il a pressenti
bien avant que ce mot barbare fût créé. Or, si faible que
sa voix puisse être, il ne veut pas être le premier à le
perdre de vue et à cesser de le combattre. Il pense que
si la prudence commande de se montrer très sceptique
à l'égard des protestations d'ailleurs un peu tardives
faites en diverses circonstances devant les électeurs de
divers départements et renouvelées le 27 janvier devant
les électeurs de la Seine, il pense, dis-je, que la sagesse
ordonne de voir le danger, non seulement dans la
personnalité tapageuse du général, mais encore dans la
popularité qui s'est faite autour de son nom. En effet, ce
sont plus encore les acclamations serviles des adorateurs
que l'ambition grandissante de l'idole qui finissent par
mettre un peuple aux pieds d'un tyran. C'est dans la
masse ignorante du peuple, de ce peuple qui s'attache à
ce qui est bruyant et brillant, qu'est née cette popularité
destinée à continuer comme elle a commencé avec ou
sans l'aveu du général Boulanger. Celui-ci a eu beau se

défendre d'aspirer à la dictature, ses partisans ou plutôt ses courtisans n'en ont pas moins persisté à le considérer comme un sauveur. Les chansons et les vivats ont continué et la vie du général, devenue l'objet d'horoscopes, a pris les proportions d'une légende. Dans la tournée électorale qu'il fit dans la Charente-Inférieure, on put entendre un paysan s'écrier : « Vive Boulanger, empereur des Français. » Au banquet bonapartiste de la Somme, un individu s'écria à son tour : « Vive Boulanger, le sauveur du monde! » De telles acclamations qui ne peuvent être inspirées que par le fanatisme le plus déréglé et par le plus plat servilisme montrent bien jusqu'où peuvent aller la bêtise et la naïveté humaine. Et dans de telles conditions comment cet homme, acclamé, fêté, encensé, mis au-dessus des autres hommes, n'arrivera-t-il pas à croire (s'il ne le croit pas déjà) qu'il leur est réellement supérieur? Il n'y a donc pas lieu de s'étonner de le voir agir en conséquence, secondé par les intrigants et les mécontents de tous les partis. Car tandis que les uns continueront à s'aplatir devant lui comme devant un fétiche, les autres continueront à s'en servir comme d'un mannequin, le machiavélisme de ceux-ci profitant toujours de l'imbécillité de ceux-là. Il e t vrai, qu'à en juger par la baisse sensible que paraît subir le boulangisme, cette folle popularité semble devoir finir comme elle a commencé, par une chanson. Car en France la chanson tue souvent par le ridicule les hommes sans valeur qu'elle a d'abord produits en créant un enthousiasme factice. Mais en admettant même que le boulangisme fût mort et avec lui la dictature, le déplorable esprit qui a enfanté ce danger momentané existerait encore et il est utile de le combattre pour que les mêmes faits ne se reproduisent pas dans un avenir plus ou moins rapproché sous d'autres noms et dans d'autres circonstances. Comme plusieurs orateurs l'ont parfaitement compris et aussi parfaitement exprimé « un vent de Césarisme a soufflé sur notre pays ». Or, c'est contre ce vent que, pour continuer l'image, le vaisseau de l'État doit carguer ses voiles. On peut encore à la rigueur douter des intentions dictatoriales du général Boulanger, mais il est impossible, à moins d'entêtement ou d'aveuglement, de douter du réveil des idées plébiscitaires et césariennes que cet homme a volontairement ou involontairement suscitées. Le mouvement, avons-nous dit, a commencé au sein de la population des villes et surtout des campagnes pas assez clairvoyante pour comprendre, suivant la juste expression de M. H. Maret « que l'idolâtrie est le marchepied de la tyrannie ». A ce mouvement se sont associés, par cupidité ou par ambition, les pires ennemis de la République comme aussi ses pires amis. Les uns et les autres simplement boulangistes ou nettement bonapartistes ne diffèrent que par leur dénomination. Car les uns et les autres, s'appuyant sur le plébiscite personnel, c'est-à-dire sur la servilité et la naïveté des hommes, veulent détruire le parlementarisme et tendent, par conséquent, les uns consciemment, les autres inconsciemment, au même résultat : la chute des institutions démocratiques. Une république dépourvue de parlement ou pourvue d'un parlement servile, n'est plus en effet république que de nom, comme celle dont les deux Bonaparte s'intitulèrent impudemment empereurs.

Encore une fois : si le péril semble sinon complètement du moins momentanément conjuré, il n'en est pas moins vrai que les polémiques suscitées dans ces derniers temps ont pour ainsi dire fait remonter à la surface des doctrines aussi funestes qu'erronées. Or, ce sont ces doctrines que l'auteur de cet opuscule se propose de combattre. Car, il n'entend pas la restreindre aux proportions d'une attaque personnelle. Il est de ceux, il est vrai, qui pensent qu'on ne saurait trop flétrir la conduite d'un soldat indiscipliné et d'un citoyen révolté contre le gouvernement régulier de son pays, mais outre la répugnance qu'il a de s'occuper exclusivement d'un tel homme, il veut donner à son travail si modeste qu'il soit une portée plus haute, en se faisant l'humble, mais ardent défenseur des grands principes de 1789, contre les principes opposés qu'un funeste courant tend à ramener après dix-huit ans d'égalité et de liberté.

De M. Boulanger nous ne nous occuperons donc qu'autant que cela nous paraîtra nécessaire pour montrer ce qu'est le boulangisme. Et de cette forme politique nouvelle aussi barbare que le nom, nous ne parlerons qu'autant que nous le jugerons indispensable pour faire comprendre qu'elle n'est qu'une grossière contrefaçon du bonapartisme, lequel à son tour n'est qu'un royalisme bâtard.

C'est ainsi que nous élevant progressivement d'une personnalité insignifiante en elle-même aux principes qui se groupent autour d'elle, nous justifierons le titre de cette brochure : *Boulangisme et Réaction.*

Enfin, sortant de ces ténèbres pour remonter à la lumière nous terminerons par une courte apologie du principe républicain et de la forme républicaine.

III

BOULANGER

> Sa figure me déplait... ses yeux ne
> sont pas *d'ensemble*... il ne vous re-
> garde jamais en face. Il a ses deux yeux
> pourtant : je n'ai, moi, qu'un œil, mais je
> m'en sers pour regarder toujours carré-
> ment...
> (Paroles attribuées à Gambetta dans
> une anecdote racontée dans la *Nouvelle
> revue indépendante*.)

Qu'il le veuille ou qu'il ne le veuille pas, le général Boulanger est le chef spirituel et temporel d'un parti qui (le nom de Boulangisme d'ailleurs l'indique assez) n'est pas autre chose qu'une politique équivoque et louche systématiquement organisée pour et par un homme. C'est pourquoi, abstraction faite de ses intentions plus ou moins secrètes et en admettant même (ce qui est difficile) la pureté de ces intentions, il n'en constitue pas moins un danger menaçant. Car, ainsi que nous le disions précédemment, ce sont les adorateurs plus encore que les idoles qui font les dictatures. Si l'entourage bonapartiste du prince Napoléon, appuyé sur la naïveté des populations, a contribué pour une grande part à lui faire oublier ses promesses peut-être sincères au début, l'entourage boulangiste du général Boulanger, appuyé sur la badauderie d'une multitude non moins servile, peut très bien le pousser à agir contrairement à ses intentions primitives. Voyons à ce sujet ce que les Anglais eux-mêmes pensent à cet égard : « Les protestations de fidélité à la République du général ne nous en imposent pas le moins du monde ; c'est là un vieux cliché dont Napoléon s'est servi pour étrangler les libertés de la France. Sans doute le général Boulanger déclare qu'il n'imitera pas l'exemple de Napoléon, mais d'abord il faudrait qu'il en trouvât l'occasion. Nous savons qu'il est capable de manquer à sa parole ; il y a menti publiquement et effrontément sur d'autres questions et dans d'autres circonstances beaucoup moins pressantes. Henri IV ayant pensé que Paris valait bien une messe, le général Boulanger peut fort bien se dire qu'au prix d'un mensonge de plus la France est à bon marché. Même s'il nous inspirait confiance, nous ne pourrions pas nous fier à son entourage. Il a ses Morny et ses Fleury, ainsi que tout le reste, mais de plus bas étage. Ils sont prêts à piller la France, dès qu'ils en trouveront l'occasion ».

C'est pourquoi les républicains clairvoyants, instruits par les leçons du passé et, à juste titre, inquiets sur l'avenir, sont en droit de concevoir de légitimes soupçons à l'égard d'un homme qui, d'ailleurs, hâtons-nous de le déclarer, a tout dit et tout fait pour se les attirer.

Il est étonné qu'on le considère comme un ambitieux rêvant la dictature ; mais l'ambition perce dans toutes ses paroles. Il ne peut pas dire deux mots de suite sans qu'immédiatement se manifestent les plus orgueilleuses prétentions. Dans tous les discours adressés aux populations des divers départements, c'est toujours le moi qui tient la plus grande place, apparaissant non seulement comme un moi égoïste, qui ramène tout à son intérêt, mais comme un moi vaniteux qui veut s'élever au-dessus des autres. Il se considère, en effet, complaisamment, comme le porte-drapeau des revendications populaires, le centre de ralliement des partis, le régénérateur, presque le créateur du patriotisme. L'ambition ressort non moins nettement de ses actes. Au lieu de repousser les marques non équivoques de servilité qu'une démagogie idolâtre lui adresse de tous côtés, il écoute complaisamment les acclamations ; bien plus, il les recherche, il les provoque même, en paradant devant la foule et en haranguant la multitude. Enfin, avec une désinvolture qui n'a d'égale que son impudence, il fait plébisciter sur son nom aux quatre coins de la France.

Il s'étonne qu'on le regarde comme un factieux voulant renverser le gouvernement ; mais la rébellion éclate dans tous ses discours. Il ose avouer lui-même que c'est l'injustice du gouvernement qui l'a lancé dans la politique. Mais ne s'expose-t-il pas, en parlant ainsi, à ce qu'on mette ses agissements sur le compte d'un sentiment de rancune et de vengeance, et qu'on le compare au connétable de Bourbon, qui mettait son ressentiment et sa colère au-dessus de son patriotisme, comme il met, lui, son amour-propre blessé au-dessus de son devoir de soldat discipliné, de citoyen fidèle? L'injustice gouvernementale (si cette injustice était prouvée) ne légitimerait pas sa conduite, pas plus que le traitement inique de la reine-mère à l'égard du connétable de Bourbon ne justifie la honteuse conduite de ce traître à la patrie.

A côté de ce maladroit prétexte invoqué, répétons-le, par lui-même, plusieurs allusions non moins maladroites apparaissent dans ses discours. Dans presque tous la même phrase monotone raparaît presque dans les mêmes termes : « On m'a enlevé mon épée..., on a brisé mon épée dans ma main... » montrant bien par l'amertume avec laquelle elle est dite que derrière un sentiment légitime d'honneur offensé, se cache un sentiment de haine et de vengeance.

Sa dernière proclamation aux électeurs de la Somme contenait encore cette même phrase, cet éternel reproche accompagné de violentes attaques non pas seulement contre le pouvoir législatif, les députés, mais contre le pouvoir judiciaire lui-même, contre les juges. Quant aux actes, ils sont non moins significatifs, et montrent bien qu'on n'a pas affaire à autre chose qu'à un révolté. Il se met en effet avec les pires ennemis de la République contre ses plus fervents amis et ses plus ardents défenseurs. Bonapartistes et royalistes lui apportent à l'envi leur appui matériel et moral, et au lieu de désavouer hautement l'alliance compromettante de tous ces réactionnaires, il continue à accepter et à solliciter même leur concours. Ce n'est donc pas trop avancer, pensons-nous, que de dire que cet homme, non content de personnifier l'ambition où le pousse la vanité, incarne la révolte où l'entraîne la vengeance. Vengeance ou ambition, peu importe de savoir lequel de ces deux mobiles prime l'autre ; l'important est qu'on est en droit de voir dans les paroles comme dans les faits et gestes du général Boulanger la manifestation d'un sentiment personnel se dressant insolemment en face de la chose publique.

Or, peut-on imaginer de plus désolant spectacle que celui d'un individu insurgé contre une nation entière en l'attaquant dans la personne de ses représentants légaux? Et cela en plein dix-neuvième siècle, à une époque où, certes, on pouvait s'attendre à voir disparus pour toujours les émules de Catilina? Est-il rien de plus triste surtout que de voir des républicains dévoyés, aller à la remorque d'un tel aventurier? Heureusement que la jeune comme la vieille génération républicaine nous console de la défection momentanée de ces renégats conscients ou inconscients des traditions démocratiques. Les républicains éprouvés, les lutteurs ardents de 1830 et de 1848 les vaillants défenseurs de 1851 et de 1871 ont montré leur répulsion pour celui dont la popularité mesquine et malsaine n'est qu'un risible et grotesque succès de café concert. Les jeunes, eux aussi, ouvriers et étudiants, qu'on voit toujours marcher ensemble la main dans la main à l'époque des grandes luttes, ont hué et conspué à l'envi l'homme qui a l'impudence de vouloir représenter à lui seul la nation tout entière. Et jamais, quelle que soit l'issue comique ou tragique de cette misérable aventure, jamais il ne parviendra à effacer la marque du coup de fouet que lui a lancé en pleine figure la partie instruite et intelligente de la nation.

IV

BOULANGISTES

In servitutem ruunt
TACITE.

Lorsqu'un peuple en est arrivé à ce point où il ne comprend plus ni réformes, ni institutions, ni opinions, ni principes et où tout pour lui est contenu dans un vivat inconscient, il est uni en effet non comme une légion de citoyens cherchant le progrès sous la direction d'une idée juste, mais comme un troupeau de moutons marchant à l'abattoir sous la conduite du boucher.

(H. MARET. — *Radical*, 1888.)

Sans doute, si parmi les hommes qui forment la tête et la queue du boulangisme il y en a qui ne dissimulent pas le désir de voir le peuple courbé sous la férule d'un maître, il y a aussi de part et d'autre, nous voulons bien le concéder, des hommes de bonne foi assez entêtés ou assez aveugles pour méconnaître les conséquences extrêmes de l'aventure où ils sont engagés. Ceux-ci ne manqueront pas d'être indignés de se voir assimilés à ceux-là. Et cependant les uns et les autres, les uns consciemment, les autres inconsciemment, nous mènent au même résultat.

En effet, si d'un côté le chef peut ignorer, comme nous le disions tout à l'heure, où peuvent le pousser ses partisans, réciproquement ses partisans peuvent aussi très bien ignorer où peut les entraîner leur chef; ils peuvent donc sans s'en douter glisser insensiblement sur une pente qui les mènera fatalement à l'abandon de leurs convictions primitives. Si l'on met de côté les réactionnaires acharnés au renversement de la République et les hommes ambitieux ou cupides intéressés à la trahir, les bonapartistes de 1799 pouvaient être ou plutôt se croire de sincères républicains. Or, que sont-ils devenus ?

Des impérialistes. De même si l'on fait abstraction des ennemis déclarés de la démocratie ou de ses amis transfuges qui
ne craignent pas de la vendre pour des richesses ou des honneurs, les boulangistes de 1889 peuvent aussi être ou plutôt
se croire des républicains sincères. Mais que deviendraient-
ils, eux aussi, insensiblement et inconsciemment, si le succès
répondait à leur attente? Des impérialistes de nouvelle marque. Si les républicains exploiteurs qui se déshonorent par la
trahison et le mensonge méritent d'être flétris, les républicains exploités qui se discréditent par leur badauderie et leur
niaiserie méritent tout au moins d'être sévèrement admo-
nestés. Entre les vagabonds qui ne demandent que le désordre
pour pêcher en eau trouble et les hommes ambitieux et cupides qui veulent profiter de l'agitation pour arriver aux
honneurs et à la fortune, il n'y a qu'une différence de degré.
Il n'y a aussi qu'une différence de degré entre ceux qui
pensent que le général Boulanger va leur donner du pain et
des spectacles et tempérer pour eux la rigueur des lois sociales et ceux qui prétendent qu'il assurera le triomphe com-
plet et définitif de la démocratie. Le fond du boulangisme
est donc bien le vice et l'ignorance et le chef de ce parti ne
peut se féliciter que de deux choses : la perversité de la bande
d'oiseaux de proie qui sont à sa remorque et la naïveté de la
foule des moutons de Panurge qu'il entraîne à sa suite. En
présence de cette perversité et de cette naïveté, il nous est
impossible, malgré l'indulgence et la tolérance que nous pro-
fessons à l'égard de tous les déshérités, de ne pas constater
la dégradation intellectuelle et morale de ces hommes sans
idées ni principes pour qui tout est contenu, comme le dit
si bien M. Henri Maret dans un vivat inconscient. Aussi
voulons-nous infliger une seconde fois à cette multitude,
qui est le résidu de celle flétrie jadis par un homme élo-
quent, les reproches qu'elle mérite aujourd'hui plus que
jamais en se faisant la servile adoratrice d'un aspirant à la
tyrannie. Dans la bouche de cet homme qui chérissait la
liberté, mais qui détestait l'égalité, ils sont un double enseignement, car ils montrent que si cette multitude mène
les ennemis de la démocratie à la suppression de toutes les

égalités comme en 1850, elle conduit les faux amis du peuple à l'étranglement de toutes les libertés comme en 1851 :

« Voyez l'histoire à ses premières pages, elle vous dira que cette multitude a livré à tous les tyrans la liberté de toutes les républiques. C'est cette multitude qui a livré à César la liberté de Rome pour du pain et des cirques. C'est cette multitude qui, après avoir accepté en échange de la liberté romaine du pain et des cirques, égorgeait les empereurs ; qui tantôt voulait du misérable Néron et l'égorgeait quelque temps après par les caprices aussi changeants sous le despotisme qu'ils l'avaient été sous la République ; qui prenait Galba et l'égorgeait quelques jours après, parce qu'il le trouvait trop sévère ; qui voulait le débauché Othon ; qui prenait l'ignoble Vitellius et qui, n'ayant plus le courage même des combats, livra Rome aux Barbares. C'est cette multitude qui a livré aux Médicis la liberté de Florence ; qui a, en Hollande, dans la sage Hollande, égorgé les Witt qui étaient, comme vous le savez, les vrais amis de la liberté. C'est cette multitude qui a égorgé Bailly, qui, après avoir égorgé Bailly, a applaudi au supplice (qui n'était qu'un abominable assassinat) des Girondins ; qui a applaudi ensuite au supplice mérité de Robespierre ; qui applaudirait au vôtre, au nôtre ; qui a accepté le despotisme du grand homme qui la connaissait et savait la soumettre ; qui a ensuite applaudi à sa chute et qui en 1815 a mis une corde à sa statue pour la faire tomber dans la boue. »

V

BOULANGISME & BONAPARTISME
AU POINT DE VUE HISTORIQUE

Plus de tribune! Une Chambre de silencieux, répondant du geste : « Oui » ou « Non » aux projets élaborés par le Conseil d'État que nommerait le dictateur... Ainsi, dans le monde moderne, il y aurait une tribune muette, une seule, dans une seule ville: (laquelle? Paris !...) la ville qui a semé les libertés sur le monde, la ville qui a entendu Mirabeau, Danton, Lamartine, Ledru-Rollin, Victor Hugo! Un soldat a fait ce rêve et l'exprime cyniquement.

(CAMILLE PELLETAN. — *Justice* du 19 avril 1888.)

Quoique né d'hier le boulangisme a une histoire; c'est celle du bonapartisme. Il nous suffira pour prouver l'identité parfaite de ces deux formes politiques bâtardes de passer en revue les événements qui ont précédé et suivi le premier et le second empire. On verra alors qu'hypocrites et dissimulés pour arriver au pouvoir, les bonapartistes se montrent perfides et parjures une fois qu'ils y sont arrivés, et que les boulangistes qui les imitent si bien dans la première phase ne manqueraient pas de les imiter aussi dans la seconde. Je commence par une citation remarquable tirée de la vie de Napoléon 1er par J. Barni. « En s'alliant avec ce personnage (Sieyès) Bonaparte s'assurait l'appui du Conseil des Anciens où Sieyès (le Naquet d'alors) avait la majorité et il annulait le gouvernement lui-même dont Sieyès faisait partie. En outre, il masquait ses vrais desseins, ses projets de despotisme militaire derrière le nom d'un homme qui était alors regardé (toujours comme Naquet) par beaucoup d'esprits libéraux et même républicains comme l'oracle de la révolution et qui passait pour avoir toute prête une merveilleuse constitution (encore comme Naquet). C'est ainsi qu'il put se couvrir sans trop d'invraisemblance du mot même de république pour étouffer la République. Et ici, puisque l'occasion s'en présente, relevons en passant et une fois pour toutes l'habile usage que Bonaparte fit alors et depuis de ce mot de république. Comme César Auguste et ses successeurs, il savait combien il importe de conserver les mots en supprimant les choses, et le mot république, par son étymologie latine, lui offrait une équivoque commode pour tromper les esprits. Il venait, disait-il, sauver la République. (Le général Boulanger, lui aussi, veut sauver la République), et, tandis qu'on entendait par là le gouvernement républicain, il entendait, lui, un autre sens : la chose publique qu'il prétendait personnifier. Ce mensonge, qui assura le succès du 18 Brumaire, passa dans la langue officielle et persista même quelque temps sous l'Empire. » Le général Bonaparte employait d'ailleurs ce mot république à chaque instant, se montrant sous ce rapport tout aussi peu avare que le général Boulanger. Il voulait aussi, comme aujourd'hui ce dernier, se débarrasser des bavards. « Lefèbre, —dit un jour à celui ci Bonaparte :— *Voulez-vous la laisser périr dans la main de ces avocats ?* » Il savait bien, en effet, combien il est facile, par le rapprochement des deux mots : discuter et disputer, tourner en ridicule les représentants de la nation dans l'esprit de certains détracteurs facétieux d'un jugement plus superficiel que profond. Il va sans dire que, toujours comme maintenant le général Boulanger, il est le premier à parler de complot contre la représentation nationale, imitant, comme le dit spirituellement un de nos journalistes républicains, le voleur ou l'incendiaire qui est le premier entre tous à crier : Au feu ! ou : Au voleur !... D'ailleurs, il n'est pas sans s'attirer de Gohier ce reproche qu'on pourrait aujourd'hui rééditer. « Mandé à la barre du Conseil des Anciens, afin d'y prêter serment, dit J. Barni, il harangue les troupes et tonne contre les factieux qui veulent perdre la République. C'est être *par trop impudent,* lui dit alors Gohier, *d'oser parler de factieux quand on est soi-même un chef de factieux !* » Devant le Conseil des Cinq-Cents il ajoute le mensonge à l'impudence. « Il parle avec une feinte indignation (écoutez, boulangistes), des calomnies dont on l'abreuve en l'accusant de vou' ir suivre l'exemple de César ou de Cromwell et il jure qu'il n'a d'autre but que de sauver la liberté. » Voyons maintenant quelques spécimens de la loyauté et de la franchise du neveu comparées à celles de l'oncle, spécimens qui nous fourniront encore de curieux rapprochements entre le bonapartisme et le boulangisme. Aussitôt la République proclamée Louis-Napoléon adresse aux représentants de la nation une lettre dont le commencement est ainsi conçu : « *Le peuple de Paris ayant détruit par son héroïsme les derniers vestiges de l'invasion étrangère, j'arrive de l'exil pour me ranger sous le drapeau de la République qu'on vient de proclamer, etc., etc.* »

Les représentants défiants (à juste titre) n'ayant pas obtempéré à sa demande, il lance une autre missive dont voici un extrait : « *J'apprends par les journaux du 22 qu'on a proposé dans les bureaux de l'Assemblée de maintenir contre moi seul la loi d'exil qui frappe ma famille depuis 1816. Je viens demander aux représentants du peuple pourquoi je mériterais une semblable peine ? Serait-ce pour avoir toujours publiquement déclaré que dans mes opinions la France n'était l'apanage ni d'un homme, ni d'une famille ?* » « Cette lettre, dit Ténot, l'auteur auquel j'emprunte ces documents, où les déclarations d'adhésion à la République et la reconnaissance des droits de l'Assemblée s'affirment d'une manière si catégorique, ne fut pas sans influence sur le vote par lequel la Constituante abrogea les lois d'exil portées contre la famille Bonaparte. Dans l'intervalle, continue-t-il, Louis-Napoléon fut élu représentant du peuple dans des élections *partielles* par les départements de la Charente-Inférieure, de l'Yonne, de la Seine et de la Corse. Il *déclina* ce mandat. Peu après, il fut réélu par ces *quatre départements* et par celui de la Meuse. Il accepta et vint prendre place au sein de l'Assemblée Constituante, le 26 septembre 1848. » Le lecteur est prié de vouloir bien remarquer que c'est aussi dans des élections *partielles* que le général Boulanger com-

mença sa campagne, bien qu'il eût entendu et prétendu
« rester soldat », que lui aussi *déclina* successivement deux
mandats, puis finit par en accepter un qu'il déchira, pour le
redemander ensuite et le déchirer une seconde fois. Les faits
parlent assez, je pense, pour qu'on puisse se passer de com-
mentaires. Écoutons maintenant le discours que Louis-
Napoléon prononça à son entrée à la Chambre, où les
protestations lui coûtent peu : « *Citoyens représentants, il
ne m'est pas permis de garder le silence après les* calomnies
*dont j'ai été l'objet..... ma conduite toujours inspirée par le
respect de la loi, trouvera à l'encontre des passions qui ont
essayé de me noircir pour me proscrire encore, que nul ici
plus que moi n'est résolu à se dévouer à la défense de l'ordre
et à l'affermissement de la République.* » Et dans un autre
discours : « *Il ne faut pas qu'il y ait d'équivoque entre vous
et moi. Je ne suis pas un ambitieux qui rêve tantôt l'empire
et la guerre* (qu'il sait bien où la mouche le pique !) *tantôt
l'application de théories subversives* (???). *Si j'étais nommé
Président..... je me dévouerais tout entier*, sans arrière-
pensée *à l'affermissement d'une République sage par ses lois,
honnête par ses intentions* (comme celle du général Boulanger) *grande et forte par ses actes. Je mettrais mon
honneur à laisser au bout de quatre ans à mon successeur le
pouvoir affermi, la liberté intacte, un progrès réel accompli.* »
Remarquons que le général Boulanger veut, lui aussi, affermir
le pouvoir et « relever l'autorité. »

De deux choses l'une : ou bien Louis-Napoléon, en
faisant toutes ces promesses, n'était pas sincère, et alors ce
n'était qu'un fourbe, ou bien il était sincère, mais n'a pas
tenu ses engagements, et alors ce fut un parjure. C'est aussi
dans le caractère bonapartiste, à défaut de principes pouvant
justifier la dictature ou l'empire, de se servir de *prétextes;*
et ces prétextes sont toujours les mêmes : s'opposer au
désordre... faire cesser l'instabilité... rendre au peuple sa
souveraineté méconnue par l'Assemblée... délivrer le pays
des factieux qui le divisent... rallier les partis, rendre à la
France sa force et sa grandeur... mettre fin au règne des
bavards, etc. Mais ils ont bien soin de ne pas ajouter :

rétablir le règne des sabreurs. La perfidie et l'hypocrisie se montrent encore dans les constitutions consulaire et impériale, dans lesquelles, même arrivé au pouvoir, le premier Bonaparte ne se démasquait pas encore complètement. Le sophisme de la souveraineté du peuple, compatible avec le plébiscite personnel, s'étale impudemment, comme nous le verrons, jusque sur les pièces de monnaie. De grands mots, empruntés aux républiques de la Grèce et de Rome, font durer l'illusion : Conseil d'État, Tribunat, Corps législatif, Sénat conservateur, Liste nationale, etc., etc. Mais nous savons à quoi nous en tenir sur ce Conseil d'État soumis à l'empereur, sur ce Corps législatif qui ne légifère pas, sur ce Sénat conservateur qui conserve la constitution républicaine en y substituant la constitution impériale, sur cette liste nationale, résidu des listes communales et départementales, « épurée » par cette élection à trois degrés. C'est ainsi que la liberté se trouve adroitement escamotée sous le couvert de mots aussi creux que sonores. Ajoutons qu'il fait dans le domaine spirituel ce qu'il fait dans le domaine temporel : la suppression de la liberté la plus sacrée, de la liberté religieuse, et cela « par le système de la religion d'État, de la réglementation du culte par l'État, en un mot de l'oppression des consciences par l'État. » Il laisse encore pendant un certain temps un semblant d'égalité qui dédommage un peu de la liberté perdue; mais cette égalité même finit par disparaître par la création de dignités impériales qu'un conseiller d'État lui reproche d'être les hochets de la Monarchie. Il est inutile de dire que, sous le deuxième Empire, les excès d'un tel régime ne sont qu'atténués et sont fondamentalement les mêmes, avec la gloire en moins. Ils seraient aussi les mêmes sous le boulangisme que sous le bonapartisme, avec la honte en plus.

VI

BOULANGISME & BONAPARTISME
AU POINT DE VUE POLITIQUE

> Singulière souveraineté, en vérité que
> celle qui, comme le dit si bien A. Va-
> querie dans le *Rappel*, dure juste le
> temps d'un vote ! Car ce peuple, qui
> avant de déposer ses bulletins dans
> l'urne était en effet libre de se donner,
> après les avoir déposés, ne sera plus li-
> bre de se reprendre.
>
> (P. CORDIER)

Le boulangisme conduit directement à l'empire qui, se
substituant peu à peu à la République comme on en a vu
deux exemples mémorables, commence la réaction ; indirec-
tement à la royauté qui, se substituant à son tour à l'empire,
achève la réaction commencée. En attendant que les royalistes finissent par reprendre leurs théories du droit divin
les bonapartistes encouragés par les boulangistes commen-
cent par reprendre le sophisme spécieux du droit populaire,
rééditant le vieux refrain usé et démodé dont ils se sont déjà
servis deux fois avec succès pour tromper la démocratie. Le
peuple, disent en effet les plébiscitaires de toutes nuances,
par le plébiscite qui absout le coup d'État et légitime l'élection du dictateur décennal, par le plébiscite qui ratifie le
sénatus-consulte et approuve la nomination de l'empereur
héréditaire, le peuple, disent-ils, se prononce librement (?
pour la dictature et pour l'empire ; donc le gouvernement
dictatorial ou impérial est parfaitement compatible avec la
souveraineté populaire. On se rappelle, d'ailleurs, que cette
compatibilité apparente fut hypocritement formulée sur les
pièces du premier et du second empire où l'on pouvait lire
d'un côté Napoléon empereur, de l'autre : République française. Mais l'inanité de ce sophisme saute aux yeux malgré

4

sa forme syllogistique. Le véritable principe de la République est la souveraineté populaire, soit, mais la souveraineté populaire s'exerçant par des hommes qui représentent, et non pas par un homme qui remplace le peuple. Or, si le peuple est légalement représenté par des députés dont les volontés multiples sont les unes pour les autres un contre-poids, dont les pouvoirs temporaires sont soumis à une sanction, l'abandon de leurs électeurs à la législature suivante, le peuple ne tarde pas au contraire à être illégalement remplacé par un empereur dont la volonté unique n'est sérieusement contrebalancée par aucune autre, dont le pouvoir perpétuel échappe forcément à la sanction précédente. L'exercice du suffrage universel considéré autrement n'est pas autre chose pour une nation que le droit ridicule de supprimer ses droits, que l'absurde liberté de faire cesser sa liberté, que la faculté dérisoire d'être maitre de se donner un maitre. En admettant même pour le peuple à côté de la liberté d'action la liberté d'inaction, comme étant pour ainsi dire les deux faces de la souveraineté, le régime dictatorial ou impérial ne serait pas légitimé pour cela. Car, si dans un moment de défaillance ou de lassitude, une nation a, suivant ces subtiles dialecticiens, le droit de se donner, elle doit avoir aussi dans un moment de relèvement le droit de se reprendre. Or, si la tolérance du parlementarisme lui permet de se donner librement, l'intolérance du militarisme lui interdit de se reprendre librement.

C'est pourquoi de quelque façon qu'on considère la souveraineté nationale comme la faculté d'user ou comme la faculté de se désister de ses droits civiques et politiques, la dictature et l'empire sont absolument contraires à cette souveraineté. D'ailleurs, si rien ne justifie l'acte du peuple qui se livre spontanément, à plus forte raison rien ne légitime l'acte du peuple qui s'abandonne, l'épée sous la gorge, après deux lâches coups d'État comme ceux du 18 Brumaire et du 2 Décembre.

Le boulangisme n'est évidemment pas autre chose que la grossière contrefaçon ou plutôt que l'état rudimentaire du bonapartisme tel qu'il vient d'être exposé.

L'identité fondamentale de ces deux régimes est impossible à méconnaître. Mêmes procédés, mêmes allures louches, mêmes doctrines, mêmes théories un peu plus voilées. Comme les bonapartistes, les boulangistes, ces néo-bonapartistes mesquins poursuivent un double but. Ils veulent fortifier le gouvernement et affaiblir le parlement à la fois dans leurs attributions et dans leur origine : dans leur origine en faisant du chef du pouvoir exécutif l'élu de plusieurs millions de suffrages, et de chaque membre du pouvoir législatif l'élu seulement de quelques milliers de citoyens ; dans leurs attributions, en donnant au gouvernement seul l'initiative de la confection des lois et le contrôle de leur exécution, initiative et contrôle retirés au parlement auquel n'est réservé que le droit dérisoire d'acquiescement ou de refus. Mais il est certain que sous prétexte de détruire le parlementarisme dont les excès seuls sont ridicules, les boulangistes nous conduisent directement par ce système au militarisme dont tous les actes sont odieux. Il faut, en effet, avoir le sens politique complètement perverti pour croire que le boulangisme en resterait, si on le laissait faire, à cette phase embryonnaire et n'achèverait pas comme le bonapartisme l'évolution commencée. Il faut être par trop naïf pour penser qu'après avoir réduit le régime républicain à un décemvirat ou triumvirat quelconque sous l'autorité d'un chef ambitieux, il y ait encore beaucoup à faire pour achever la République. L'histoire est là pour nous prouver le contraire et nous dire que le reste n'est plus qu'un escamotage facile. Sans doute il est peu probable que le Césarion minuscule qui a si bien commencé à singer César arrive à le singer jusqu'au bout et une fois en possession de la dictature puisse s'emparer de l'Empire. Mais est-ce qu'en définitive le résultat ne serait pas le même au degré près ? Si, assurément. De la République il ne resterait plus que le nom sans la chose en attendant que le mouvement ébauché par les boulangistes soit repris en sous-œuvre et achevé par les bonapartistes et transformé ensuite par les Bourbons ou les d'Orléans en restauration royale.

VII

BOULANGISME & BONAPARTISME
AU POINT DE VUE PATRIOTIQUE

La patrie a toujours été sauvée par des hommes libres, perdue par des chefs ambitieux... C'est assez d'avoir imité la Rome de César et d'Auguste, nous ne voulons pas devenir la Rome des Galba et des Othon.

(H. Maret. — *Radical* du 21 mars 1888.)

Jugé au point de vue d'un prétendu relèvement national, le boulangisme apparaît aussi avec son vrai caractère ; là encore, il a toutes les allures du bonap..tisme ; car il tend, comme ce dernier, sous prétexte de gloire nationale, à la glorification d'une idole. Il fut un temps où l'on ne concevait pas de religion sans chef spirituel, pape ou patriarche ; de patriotisme sans chef temporel, roi ou empereur ; pour être comprises et senties, patrie et religion avaient besoin d'être incarnées dans un homme. Et ce temps était déjà une époque avancée, comparée à celle où ces idées, au lieu de s'incarner dans un homme, se pétrifiaient dans un bloc de marbre. La deuxième phase retint longtemps des caractères de la première ; longtemps on vit dans l'individu personnifiant la patrie ou la religion, non pas l'individu lui-même, mais quelque caractère extérieur plus ou moins saillant : un sceptre, une croix, une couronne, quelquefois un nom plus ou moins sonore. Vint enfin une période où l'idée se détacha de ces entraves. On vit dans le chef spirituel ou temporel, non plus un but, mais un moyen. On comprit que le vrai patriotisme n'a besoin de rien d'extrinsèque pour exister, et que ceux-là sont des déshérités, intellectuellement et moralement, qui ne voient dans la patrie qu'un fétiche. Et pourtant, au terme de cette évolution ascendante, il est encore des gens, curieux cas d'atavisme, qui, paraît-il, continuent à s'enthousiasmer d'un panache, d'un sceptre, d'une couronne. C'est cet esprit qui a produit César, Cromwell, Bonaparte, et qui produit aujourd'hui..... Je m'arrête, car il me répugne d'allier à ces noms illustres le nom d'un homme qui ne se distingue en rien des autres hommes. En vertu de cet esprit, il se trouve encore, à notre époque, des individus qui pensent que, parmi quarante millions de Français, un seul est grand, un seul est noble, un seul est digne, se faisant ainsi à eux-mêmes et faisant à leurs compatriotes l'injure de penser qu'ils ne sont rien sans celui-là ? Peut-on imaginer une plus grande platitude ? Elle n'a d'égale que la naïveté de ceux qui prétendent, par une telle campagne, relever le moral de la nation. Disons hautement, au contraire, que ce retour au fétichisme serait une dégradation et un avilissement. Il est vrai qu'il y a fétiche et fétiche ; mais, après avoir ressuscité le césarisme dans le bonapartisme, vouloir le ressusciter dans le boulangisme, ce n'est pas seulement s'avilir, c'est se ridiculiser.

Par son caractère fortement empreint de fétichisme, le patriotisme des créateurs d'idoles est un patriotisme étroit et mesquin. Aussi n'avons-nous pas à espérer d'eux qu'ils prennent en considération ne serait-ce que la perspective de ce patriotisme dont nous parlerons plus loin et qui doit se substituer au patriotisme guerrier dans un avenir plus ou moins rapproché ; mais nous sommes, je pense, en droit de souhaiter qu'ils comprennent mieux qu'ils ne le font ce patriotisme guerrier, le seul, d'ailleurs, qui nous intéresse ici. Tout en espérant ou tout au moins désirant, pour la question du conflit franco-allemand, une solution pacifique, les vrais patriotes ne sont pas non plus assez fous pour ne point parer, au moyen d'un armement sérieux, à toute éventualité possible. Cette éventualité, ils doivent l'attendre, comme le dit si bien le *National* « la main sur la garde de leur épée. » Mais ils ne veulent pas, par des provocations imprudentes et intempestives, courir le risque d'une défensive ou d'une offensive d'où peut résulter notre ruine. Car, avec les armements actuels de l'Allemagne et de la France, les chances de victoire et de défaite étant à peu près égales, ils se refusent à faire comme le général Boulanger, livrer la France au hasard d'une partie de cartes. Le calme et le sang-froid sont donc indispensables, aujourd'hui plus que jamais ; et ce qui s'impose, en supposant que la solution belliqueuse ne pût être évitée, c'est l'attente d'une occasion favorable, que nous trouvions cette occasion dans l'éventualité d'une attaque de la part des Allemands ou dans l'opportunité d'une attaque de notre part. Or, voilà encore ce que méconnaissent entièrement ces hommes, pour qui le patriotisme semble être ce qui étourdit les oreilles et éblouit les yeux, et non ce qui touche l'esprit et ébranle le cœur. Si seulement ce n'était que l'enthousiasme pour une idée qui poussât ces écervelés à faire campagne et à crier : « A Berlin ! » comme en 1870 ; mais c'est l'enthousiasme pour un homme ! Si ce n'était que le drapeau de la France qui les dirigeât ! Mais c'est le panache d'un général ! « Une revue, un cheval noir et une chanson, dit M. H. Maret, le tout bien lancé et bien imagé, font un homme populaire, mais non un grand homme. Or, nous n'avons ici ni Arcole, ni Rivoli, ni les Pyramides. Il serait triste de s'imaginer être conduits par César et de s'apercevoir qu'on a suivi Varus. »

VIII

BONAPARTISME & ROYALISME
AU POINT DE VUE HISTORIQUE

Comme si c'était par la menace, la ter-
reur et la tyrannie, et non par leur libre
expansion, que les idées d'un peuple de-
vaient se propager dans le monde moderne !

(J. BARNI. — NAPOLÉON Ier.)

A l'heure où, comme le dit encore M. Henri Maret, le
peuple ou du moins une partie du peuple « semble ne plus
comprendre ni réformes, ni institutions, ni opinions, ni
principes » il n'est pas hors de propos, pensons-nous, de re-
courir aux enseignements de l'histoire pour faire cesser la
confusion qui règne dans tant d'esprits au point de les empê-
cher de distinguer les doctrines les plus disparates, les partis
les plus opposés.

Il y a deux grands courants politiques provenant de deux
sources distinctes : la démocratie et l'aristocratie, l'une qui a
pour principe l'égalité et comme conséquence la liberté,
l'autre basée sur l'inégalité des classes sociales, d'où résulte
nécessairement pour les classes inférieures un état voisin de
la servitude. L'histoire démontre avec surabondance de
preuves que la décadence de l'aristocratie aboutit fatalement
à l'autocratie par la royauté, que la décadence de la démocratie aboutit nécessairement à la tyrannie par l'empire.
Examinons comment se fait cette dégénération du principe
aristocratique et du principe démocratique. Dans l'aristocratie, une des familles privilégiées, plus forte, plus nom-
breuse ou plus riche, finit par s'élever au-dessus des autres,
grâce à l'ascendant de la fortune et de la puissance, grâce
aussi à la cupidité et à l'ambition de courtisans serviles.

C'est ainsi que dans les cités grecques et italiennes, on vit souvent la royauté héréditaire dans une même famille s'établir au-dessus de l'aristocratie comme celle-ci s'était établie au-dessus du peuple. C'est ainsi qu'en France on vit la deuxième royauté sortir de l'aristocratie des leudes carlovingiens, tandis que la troisième, trois cents ans plus tard, provint de l'élévation au-dessus des autres de la famille de Hugues Capet, le plus grand seigneur féodal et le plus grand propriétaire terrien de son époque. Une fois au pouvoir, la royauté gravite nécessairement vers l'établissement d'un empire aristocratique universel, comme sous Charlemagne.

Voyons maintenant l'évolution suivie par l'autre courant, la démocratie. Il y a dans la démocratie, aussi bien que dans l'aristocratie, des hommes ambitieux et cupides d'une part, des hommes naïfs, ignorants et serviles d'autre part. Or, l'ambition et la cupidité s'appuyant sur la servilité et l'ignorance, voilà ce qui constitue la démagogie ou l'entraînement des masses sans principes et sans idées par quelque aventurier audacieux, démagogie qui, si le mouvement se généralise, mène à la tyrannie en faisant progressivement dégénérer la République en empire, comme cela s'est vu en France sous Napoléon 1er, qui, lui aussi, caressa l'orgueilleuse pensée d'établir un empire démocratique (?) universel.

Les deux courants se sont développés, disons-nous, et étendus de la cité à la nation et de la nation à l'Europe entière. En effet, l'empire allemand personnifie dans un seul homme, que ce soit Charlemagne ou Charles-Quint, cette tendance à l'extension croissante de l'aristocratie. Même extension de l'autre côté; le mouvement populaire, démocratique, d'abord limité à la Cité, s'est étendu à la Nation, puis à toute l'Europe pour réagir contre le mouvement aristocratique. Or, l'empire romain et l'empire français personnifient aussi ce deuxième mouvement dans un seul homme, César ou Bonaparte.

Ce que l'empire allemand a tenté de faire sous Charlemagne pour l'aristocratie, Napoléon 1er a tenté de le faire pour la démocratie. Mais l'histoire a démontré que le mouvement populaire, pas plus que le mouvement féodal, ne peut se faire aux dépens des nationalités en froissant les sentiments natio-

naux de chaque peuple. On vit immédiatement après Charle
magne une scission profonde se faire entre les divers royaumes,
et par cette scission se constituer les principaux États indépendants, la France, l'Italie, l'Allemagne. De l'autre côté,
Napoléon 1er aussi rêva de répandre sur tout le monde européen les idées nouvelles. Déjà lorsqu'il n'était encore que
général, les populations accueillaient avec enthousiasme ce
faiseur de républiques ; même alors qu'il était empereur et
que, jetant bas le masque, il avait déjà transformé ces républiques en royautés, les populations ne voyaient encore en
lui que le chef de la démocratie et les paysans russes, entre
autres, au début de la campagne de Russie, l'acclamaient
comme un sauveur. Mais ces mouvements n'étaient que par-
tiels et ne parvinrent pas à se généraliser ; l'indépendance
nationale étant menacée, les idées républicaines et socialistes
tombèrent, et une réaction formidable se fit contre la France
et la Révolution que les gouvernants continuèrent à regarder
« comme troublante au dedans, envahissante au dehors. »
Sans doute, l'unité de l'Europe est le plus bel idéal qu'on
puisse rêver, mais cette unité, répétons-le, ne peut s'accom-
plir par la force malgré les goûts et les aptitudes naturels de
chaque nation, soit par l'extension croissante d'une aristocratie
dégénérée soumise à un autocrate rêvant la résurrection de
l'empire d'Allemagne, soit par l'envahissement d'une démocratie servile aux ordres d'un chef ambitieux voulant renou-
veler l'empire romain. Elle doit être libre et spontanée ; elle
ne peut par conséquent s'effectuer que par la constitution
d'États-Unis d'Europe analogues aux États-Unis d'Amérique
et cette réunion d'États ne s'effectuera librement et spontanément que le jour où les divers États européens seront en
république, c'est-à-dire auront conquis la liberté incompatible
avec la monarchie bonapartiste et l'égalité incompatible avec
la monarchie royaliste.

IX

BONAPARTISME & ROYALISME
AU POINT DE VUE POLITIQUE

Le bonapartisme n'est pas autre chose qu'un royalisme bâtard.

(P. CORDIER.)

Un bonapartiste, Latour du Moulin, dans ses lettres sur la Constitution de 1852, comparant la royauté anglaise à l'empire français dit : « Restons avec nos instincts, nos goûts, nos habitudes, nos besoins; la liberté telle que vous la comprenez nous importe moins que l'égalité, et vous vous inquiétez médiocrement de l'égalité pourvu que vous ayez la liberté. » Nous sommes heureux de voir constater par un homme qui n'est pas intéressé à flatter la République le défaut principal de la royauté et de l'empire. En effet, si la royauté actuelle laisse au peuple une certaine liberté, c'est aux dépens de l'égalité, et si l'empire concède l'égalité, c'est aux dépens de la liberté. Tandis que le principe de l'une réside dans la consécration de toutes les inégalités, le principe de l'autre réside dans la consécration de toutes les servitudes. La liberté sans l'égalité et inversement l'égalité sans la liberté sont de véritables non-sens. Qu'est-ce que l'égalité dans un gouvernement tyrannique? L'égalité dans l'inaction, c'est-à-dire une égalité inutile. Qu'est-ce que la liberté sous un gouvernement inique? La liberté dans le privilège, c'est-à-dire une liberté incomplète. La République seule est capable de concilier ces deux principes, l'égalité et la liberté pour en faire un tout harmonieux. Les caractères distinctifs des deux régimes monarchistes ressortiront nettement d'un examen attentif des constitutions royales et impériales. Le principe fondamental de l'empire est l'initiative des lois, retirée au parlement et réservée au gouvernement seul. Sous le deuxième empire, en effet, le Corps législatif a simplement le droit d'accepter ou de rejeter les lois qui lui sont proposées.

C'est dire que les gouvernés sont presque à la merci des gouvernants, puisque les représentants de la nation ayant tout au plus le droit de refuser les lois qui lui paraissent nuisibles, ne peuvent faire passer celles qu'ils croient utiles. On voit donc bien que dans une telle constitution la liberté est absolument foulée aux pieds. Et si l'égalité existe par suite du droit accordé à tous d'être électeurs et donne une satisfaction ridicule à la foule ignorante que flatte, malgré son inutilité, cette égalité dérisoire, ce n'est d'ailleurs qu'une concession tardive. Sous le premier empire, en effet, le suffrage sans être restreint était indirect. Car c'était un système de Bonaparte de morceler, de fractionner tous les pouvoirs pour les affaiblir. Il va sans dire qu'il les divisait tous, sauf le sien qui réalisait le plus haut degré de force d'unité et de concentration. La royauté laisse aux nobles certains privilèges : ils entrent de droit au Sénat; le bourgeoisie est aussi privilégiée, car il n'y a que ceux qui payent le cens qui peuvent être électeurs. On voit donc qu'ici c'est le principe d'égalité qui se trouve lésé. Et si la liberté est en partie sauve par suite de l'initiative laissée au parlement, sous la deuxième restauration, c'est encore grâce à une concession tardive. Car sous la première restauration l'initiative appartenait au roi seul. Ajoutons que la liberté et l'égalité concédées par les royalistes et les impérialistes présentent de graves lacunes dont nous avons fait abstraction dans cet examen sommaire. En effet, l'hérédité impériale comme l'hérédité royale est contraire au principe d'égalité, et la noblesse nouvelle créée par l'empire l'est au même titre que la noblesse ancienne admise par la royauté. Le droit de déclarer la guerre et l'état de siège est encore sous l'un comme sous l'autre régime une attaque au principe de liberté. Voyons maintenant la constitution républicaine que nous étudierons bientôt plus en détail. La République laisse d'une part l'initiative au parlement, ce qui est pour la nation une garantie de liberté. D'autre part, elle fait disparaître tout privilège résultant soit de la noblesse, soit de la fortune par l'établissement du suffrage universel, ce qui assure l'égalité. Mis en face de la netteté et de la franchise républicaines, les procédés employés par les royalistes et bonapartistes méritent d'être remarqués. La dissimulation est commune aux deux régimes. Tandis que les premiers se dissimulent le plus souvent sous le nom de *conservateurs*, les seconds, plus hypocrites encore, veulent se faire passer pour les seuls vrais *démocrates*. Ajoutons, d'ailleurs, que ces prétendus conservateurs, d'une part, n'ont pas honte de s'allier avec les pires démagogues; que ces prétendus démocrates, d'autre part, s'allient momentanément, quitte à les expulser ensuite, avec les plus purs légitimistes. Les faits actuels le démontrent assez, et l'on voit royalistes et bonapartistes marcher la main dans la main sous le nom de boulangistes et sous la conduite de Boulanger. Les uns et les autres se font aussi remarquer par leurs transactions hypocrites. Tandis que le roi, pour avoir l'air de tenir compte des revendications de la démocratie, se voit forcé de faire des concessions au droit populaire, l'empereur, pour se faire absoudre de l'aristocratie, fait en sens inverse des concessions au droit divin. Si le premier, comme représentant du peuple, consent à jurer la charte, concédée et octroyée d'abord, acceptée et subie ensuite, le second n'hésite pas à se faire sacrer comme le représentant de Dieu. D'un côté, le roi dissimulant ses orgueilleuses et vaniteuses prétentions à l'autorité immuable et au caractère sacro-saint, semble céder aux revendications du peuple qu'au fond il méprise et déteste. Mais les ambitions dynastiques sont plus fortes que les principes. Ceux-ci sont abandonnés un à un, comme aujourd'hui, si bien qu'on peut de plus en plus considérer le royalisme comme un bonapartisme mitigé. De l'autre côté, l'empereur imite les chefs des grandes familles d'Europe en se faisant le chef d'une nouvelle dynastie. Il crée ainsi un régime nouveau qui ne diffère en rien de l'ancien, un empire français sorti de la démocratie, en tout semblable à l'empire allemand sorti de l'aristocratie. Allons plus loin, lui qui, au début, se pose comme personnifiant cet antagonisme des deux grandes familles germaine et latine, il fonde ces deux dynasties par des mariages, justifiant ainsi la définition que nous avons donnée plus haut du bonapartisme en le considérant comme un royalisme bâtard.

BONAPARTISME & ROYALIMSE
AU POINT DE VUE PATRIOTIQUE

> Oser s'intituler Parti national quand
> on conduit à l'assaut de la République
> française les bonapartistes et les roya-
> listes, ceux qui ont ameuté l'Europe
> contre la France, combattu dans les
> rangs de l'étranger, ceux qui deux fois
> ont amené l'invasion.
>
> (LISSAGARAY. — *Bataille* du 25 jan-
> vier 1889.)

Si nous examinons maintenant les deux régimes au point
de vue national français, nous reconnaitrons que le patriotisme
même doit nous engager à abandonner définitivement la
monarchie, soit royaliste, soit impérialiste. La royauté introduit chez nous un élément étranger, l'élément germain,
l'empire introduit aussi un élément étranger, l'élément
romain. Si l'un tend à ressusciter l'empire d'Allemagne,
l'autre tend à rétablir l'empire de César.

Loin de nous la pensée de regretter et de répudier comme
malfaisante l'infusion du sang germain et du sang romain
dans les veines des Celtes et des Gaulois. Nous serions bien
mal venus, en vérité, nous, dont le caractère ethnologique
distinctif est précisément le mélange des races, de nous
montrer aussi exclusifs. D'ailleurs, d'une part, notre nom de
Français qui, depuis tant de siècles sonne si glorieusement
à nos oreilles, est celui d'une tribu germanique, et nous
avons à nous honorer dans une certaine mesure de la gloire
d'un Charlemage ; d'autre part, notre langue, ce merveilleux
véhicule des idées dont nous sommes si fiers, appartient à la
famille latine, et nous avons aussi à nous honorer, si perni-
cieuse qu'elle ait été, de la gloire d'un Bonaparte. Nous
sommes même les premiers à reconnaître qu'historiquement

l'ambition des grands chefs et des grandes familles, leurs invasions et leurs conquêtes ont été nécessaires pour tirer les tribus primitives de leur isolement égoïste et commencer ce travail d'unification dont nous parlions tout à l'heure. Mais ce que nous contestons en nous appuyant aussi sur l'histoire, c'est que ce travail d'unification doive s'achever comme il a commencé, par l'ascendant de la puissance militaire. Il doit s'achever spontanément sans toucher à l'indépendance que revendiquent chaque peuple et chaque race. Et c'est en tant que contraire à cette indépendance nationale et à cette spontanéité d'action que nous répudions l'influence étrangère des idées germaines et romaines tout en nous montrant, d'ailleurs, reconnaissants de ce qu'ont fait pour la civilisation les unes et les autres. Si les peuples d'Europe doivent de plus en plus renoncer à être l'apanage d'une famille qui peut les compromettre par ses alliances et ses guerres de succession, elles doivent aussi renoncer désormais à être l'apanage d'un homme qui peut les ruiner par ses guerres de conquête.

Les dynasties royales de toute l'Europe sont unies entre elles par des liens de famille plus ou moins directs ou par la communauté de race et d'origine. Or, elles constituent en même temps qu'une aristocratie nationale particulière dominant sur chaque pays une aristocratie générale superposée aux populations qui constituent la démocratie de l'Europe. De sorte qu'on se trouve en présence d'une race supérieure de gouvernants étendant sa domination sur une race inférieure de gouvernés.

Il résulte de là que dans le règlement des affaires européennes, dans les questions de paix et de guerre, c'est cette race dominante qui a la voix prepondérante aux dépens de l'élément national de chaque contrée. Sans doute, surtout dans les formes royales constitutionnelles, la voix des gouvernés est en partie écoutée, mais il n'en est pas moins vrai que ces familles royales s'alliant par des mariages où l'intérêt politique n'est pas sans jouer un certain rôle, se consultent s'entendent, s'arrangent entre elles sans que « leurs peuples » se doutent de ce qu'elles méditent, projettent ou complotent exactement, au degré près, comme dans les guerres de succession sous Louis XIII, Louis XIV et Louis XV. La restau ration des Bourbons ou des d'Orléans est donc la restauration d'un élément étranger, de cet élément germanique qui a envahi toute l'Europe et dont tendent à s'affranchir toutes les races latines, grecques, celtes et slaves. La vraie indépendance nationale comme aussi la vraie liberté individuelle ne date que de 1789, à partir de l'époque où le gouvernement cessa d'être un des membres de la grande aristocratie germaine, et elle n'existera chez les autres peuples que quand le tiers-état sera émancipé comme chez nous de cette puissante domination planant au-dessus de la démocratie. Cela est si vrai, en particulier pour la France, que des historiens ont été jusqu'à dater de 1789 le commencement de notre histoire nationale. Le patriotisme entendu au point de vue de l'indépendance de chaque peuple consiste d'ailleurs, aussi bien en Italie, en Espagne, en Roumanie, en Serbie, etc., qu'en France, à désirer cette émancipation. Même en Allemagne, le peuple, soumis au joug de fer d'un empereur, doit souhaiter son affranchissement et préfère, à la gloire guerrière que lui procure l'empire, la prospérité pacifique que donnent l'égalité et la liberté. Les mêmes raisons d'indépendance nationale peuvent être invoquées contre le rétablissement de l'empire français dont la tendance a toujours été au dehors la domination universelle, au dedans la tyrannie militaire, en un mot le renouvellement de l'Empire romain. Tous les peuples d'Europe se souviennent du rôle de ce tyran et ont encore présentes à la mémoire les invasions du premier empire qui, convertissant la défensive en offensive, rêva l'asservissement de toute l'Europe. Remarquons d'ailleurs que le principe impérial est aussi pernicieux pour l'indépendance de la France, que pour l'indépendance des autres nations qui l'entourent. C'est, en effet, par la France que commence l'asservissement, c'est elle qui en subit la première les conséquences funestes. L'empereur, a-t-on dit, n'est que « le peuple couronné » incarné dans un seul individu qui lui donne la gloire. Oui, mais la gloire se paye et ce peuple couronné est rivé à sa couronne; si bien que la tyrannie pèse autant sur le peuple vainqueur que sur les peuples vaincus.

XI

LA RÉPUBLIQUE

1° LE PRINCIPE RÉPUBLICAIN

> En reconnaissant comme base fonda-
> mentale de l'égalité et de la liberté poli-
> tique cette égalité de droits que les
> hommes revendiquent dans la misère
> comme dans la fortune, dans l'ignorance
> comme dans la science ; cette liberté de
> penser qu'ils conservent jusque dans les
> chaînes et sous le fer du bourreau, la
> République est *le seul* gouvernement
> compatible avec la dignité humaine.
>
> (P. CORDIER.)

Nous avons vu que les deux principes fondamentaux de la République sont l'égalité et la liberté. L'empire, il est vrai, laisse au peuple une certaine égalité, mais c'est une égalité inutile ; la royauté lui laisse une certaine liberté, mais c'est une liberté incomplète. D'ailleurs, cette liberté et cette égalité accordées isolément ne sont que des concessions tardives faites par la tyrannie et l'autocratie. Nous ne dirons pas la conception, mais l'affirmation de ces principes date de la Révolution ; la République a donc le droit de les considérer comme siens. Car si, depuis, la monarchie les a involontairement confirmés, elle les avait infirmés jusqu'alors. C'est pourquoi faire l'apologie de ces principes c'est faire l'apologie de la République.

S'il y a une inégalité naturelle et primitive entre l'homme et l'animal, entre l'adulte et l'enfant, le père et le fils, l'homme et la femme, il n'en est pas de même, comme le prétendaient les anciens (entre autres Platon et Aristote), entre le maître et l'esclave, le noble et le non-noble, les chefs et les sujets. Toutes les inégalités invoquées par les anciens sont consécutives et non primitives. Disons plus, elles sont souvent même artificielles et non naturelles, si on réfléchit qu'elles provien-

nent la plupart du temps (surtout l'éducation et l'instruction)
du rang et de la fortune. Or, on n'ignore pas que si d'une
part la richesse a cessé d'être le privilège de la noblesse,
l'instruction et l'éducation d'autre part ont à leur tour cessé
d'être l'apanage de la richesse. Quoi qu'il en soit, malgré le
développement progressif de l'enseignement devenu gratuit
et universel, il est incontestable qu'il existe encore des
inégalités entre les hommes. Les républicains ne méconnaissent pas et ne nient pas ces inégalités, mais si d'un côté la
conscience leur prescrit de tenir compte des besoins et désirs
de tous, petits ou grands, la raison leur commande d'un autre
côté d'utiliser les facultés et capacités de tous, petites ou
grandes. En d'autres termes, ils veulent un gouvernement
constitué pour tous et par tous, de haute extraction ou
d'humble origine, riches ou pauvres, lettrés ou illettrés.
D'ailleurs, pour répondre à une objection qui a été faite
mainte et mainte fois, la République ne confère que des
droits dont chacun use selon ses moyens et tient compte par
conséquent en fait des inégalités d'aptitudes. Les peuples ne
sont pas plus infaillibles que les hommes, ils peuvent *se
tromper* et surtout *être trompés*, comme le démontrent assez
les derniers événements, mais ce sont d'une façon générale
« *les meilleurs* », qui font prévaloir comme éligibles leur
candidature, comme électeurs leur vote. La sélection naturelle
opérée par le suffrage universel met incontestablement en
relief les mérites de tous genres. Le peuple, quoi qu'on dise,
reconnaît parfaitement l'ascendant de la science, du talent, de
la vertu, du rang, de la fortune. Il honore le rang mais à une
condition qu'il ne se constitue pas en caste aristocratique ;
la fortune, mais à une condition qu'elle ne s'organise pas en
classe bourgeoise ; enfin l'instruction, mais à une condition
qu'elle ne forme pas une classe de lettrés comme en Chine.

Les républicains ne méconnaissent pas non plus la
nécessité d'une autorité constituée limitant les droits indivi-
duels au point où ils sont contraires à l'intérêt particulier de
chacun et à l'intérêt public de tous. Mais ils veulent que
cette autorité soit librement consentie par les gouvernés et
non arbitrairement imposée par les gouvernants, comme sous

la monarchie, dont la force est le seul principe. Or, un tel système gouvernemental n'est évidemment compatible qu'avec la liberté de penser, de parler et d'agir renfermée dans les limites indiquées ci-dessus. La liberté économique de l'offre et de la demande appelle, en effet, comme corrélatif nécessaire, l'idée non moins féconde de la liberté politique, en vertu de cette grande conception moderne qui admet dans l'évolution des sociétés, comme dans celle des individus, une spontanéité de développement qu'on doit contrarier le moins possible. D'ailleurs, le principe de la liberté, laissant à tous une initiative salutaire, permet au peuple de parfaire son éducation politique, éducation qui n'est possible que dans le libre exercice de ses droits, éducation que la République a toujours favorisée, que la monarchie, au contraire, a toujours négligée et même comprimée. Celle-ci a, en effet, tout avantage à tourner indéfiniment dans cet éternel cercle vicieux, à savoir que le peuple ne devra jouir de la plénitude de ses droits que lorsqu'il aura atteint la plénitude de son développement. Or, il est évident que le seul moyen pour un peuple de faire son éducation politique, est d'exercer ses droits politiques. Le principe de la liberté est, en outre, pour le peuple, un moyen d'épuration qui lui permet de s'amender. En ce qui concerne la liberté de réunion, si dégénérés que puissent être les moyens de discussion employés, ce droit doit être respecté comme fournissant au peuple des occasions fréquentes de comprendre les inconvénients de la licence. Nous en dirons autant à propos de la liberté de la presse. Ceux à qui l'infamie et la calomnie sont familières finiront par se convaincre, par le fait même de cette tolérance, du profond dédain avec lequel les gens sensés et honnêtes accueillent leurs vilenies. Tout ce que l'on est autorisé à demander, pourtant, c'est que, sans que pour cela ne restreigne les libertés existantes de presse et de réunion, le gouvernement, comme les particuliers, puisse, d'après les lois du droit commun, user de la faculté de *légitime défense* et poursuivre les calomniateurs qui portent atteinte à sa dignité, les conspirateurs qui compromettent sa sécurité. Ainsi donc, en résumé, d'une part, la liberté permet de donner un libre cours aux influences naturelles qui, si la loi du progrès est vraie (ce dont nous ne doutons pas), poussent les individus à contribuer spontanément à l'évolution sociale. D'autre part, l'égalité permet aux pouvoirs publics d'être la résultante de toutes les forces et non la résultante de quelques-unes. L'union ne fait la puissance qu'autant que chacune des forces réunies ne perd pas, par l'effet de cette union, une partie de son intensité ; ce qui est le cas pour tout gouvernement monarchique ou oligarchique où, parmi les membres unis sous l'autorité d'un même chef, les uns sont seuls actifs et les autres passifs. Sous la République, au contraire, toutes les forces agissent, et si ces forces sont convergentes (ce dont nous ne doutons pas non plus) le progrès n'en est que plus efficace et plus rapide. Au point de vue purement politique, la liberté et l'égalité instituent un état de choses basé sur le consentement de la majorité de la nation, ce qui est une garantie d'ordre et de paix publics ; car les révolutions ne se font que contre les minorités, nécessairement illégitimes. L'ascendant matériel du nombre, au contraire, joint à l'ascendant moral de la légitimité, contribue à rendre le gouvernement puissant et stable.

On reproche à la République de manquer de principe élevé d'action, comme étant contraire à tout sentiment religieux. Sans doute, la plupart des républicains (pas tous, cependant) entendent ce mot « sentiment religieux », dans un autre sens que celui d'obéissance passive à un pouvoir spirituel très incomplètement dégagé de tout pouvoir temporel, ou à une puissance divine, de création humaine. Entre celui qui ne voit ce sentiment que dans l'adoration d'un fétiche ou dans la prononciation de formules plus ou moins inintelligibles, et celui qui le voit dans la conformation de ses actes à une *destinée* que lui révèlent ses goûts et ses aptitudes, un *devoir* que lui prescrit sa conscience, il y a tous les intermédiaires. D'ailleurs, dégagé du dogme plus ou moins étroit, du culte plus ou moins enfantin qui se trouvent dans toute religion, ce sentiment religieux a droit à tous nos respects en tant que, donnant, en effet, aux hommes, dans leur vie, *un principe élevé* d'action qui règle leur conduite, les encourage dans leurs efforts, les console dans leurs peines. Or, on aurait tort de prétendre que la République, sous prétexte qu'elle est hostile au Concordat et au développement temporel du clergé catholique, que la République, dis-je, exclut tout sentiment religieux. Si toutes les religions théologiques proposent à l'homme l'idéal d'un Dieu charitable, équitable, si, toutes, elles font tendre l'homme vers la perfection divine, est-ce que la République ne poursuit pas le même but en inscrivant au frontispice de ses monuments ces deux grands principes, la Liberté et l'Égalité, inspirés par la Fraternité? Est-ce qu'elle ne montre pas, en consacrant la liberté, qu'elle *croit* et *espère* à la perfectibilité humaine ; en consacrant l'égalité, qu'elle subordonne tout à la justice ; en s'inspirant de la fraternité, qu'elle est guidée par l'amour?

XII

LA RÉPUBLIQUE

2° LA FORME RÉPUBLICAINE

> Le suffrage universel peut faire des
> fautes, commettre des erreurs, mais il
> est apte à se corriger tout seul. Quoi
> qu'il en soit, il est incontestablement
> responsable de son choix et il est vrai de
> dire que quiconque outrage les repré-
> sentants de la France, outrage la France.
>
> (H. MARET. — *Radical* du 25 novem-
> bre 1888.)

Si les bonapartistes et les royalistes attaquent plus ou
moins nettement le principe républicain, les boulangistes,
n'osant l'attaquer en face, attaquent la forme républicaine,
affectant hypocritement de croire ou croyant naïvement que
parlementarisme et républicanisme sont deux choses distinctes. Or, ceux qui s'imaginent qu'un gouvernement sans
parlement ou du moins un parlement aux ordres du gouvernement peuvent constituer une République, joignent à une
certaine dose de naïveté native une complète ignorance des
notions politiques les plus simples. On peut avec quelque
justesse comparer le mandat politique au mandat civil ; la
véritable et unique différence entre le mandat civil et le
mandat politique c'est que le second se décompose en réalité
en deux : le mandat législatif (parlement), par lequel s'exprime
la volonté du peuple et le mandat exécutif (gouvernement),
par lequel elle s'exécute. En d'autres termes, tandis que le
mandat civil est direct, le mandat politique est indirect.
Étant donnée l'impossibilité matérielle de faire participer
tout un peuple à la discussion des intérêts communs, une

nécessité matérielle s'impose aussi, celle de substituer à
l'assemblée de la nation tout entière, comme cela avait lieu
dans les petites cités grecques ou latines, l'assemblée des
représentants de la nation. Et comme c'est de cette assemblée
qu'émane la volonté populaire sous le nom de pouvoir
législatif, c'est aussi de cette assemblée que doit émaner l'autorité sous le nom de pouvoir exécutif. Admettre comme en
1848 deux pouvoirs indépendants, tous deux nommés par le
suffrage universel, c'est créer un dualisme contraire à l'unité
nationale. Si, par suite de son unité constitutive, l'organisme
individuel *agit* d'après sa volonté propre, l'organisme col-
lectif, la nation, doit aussi *agir* sous les *ordres* et le contrôle
de la volonté collective et cette volonté collective c'est
l'assemblée nationale, c'est le parlement.

Sous les ordres et le contrôle, disons-nous. Sous les
ordres, c'est-à-dire que l'initiative des lois doit appartenir
au pouvoir législatif qui les présente, les prépare, les discute
et les vote. Sous le contrôle, c'est-à-dire que l'exécution des
lois doit être aussi surveillée par le pouvoir législatif qui doit
avoir le droit non seulement d'interpellation mais d'accusa-
tion. Or, non contents d'admettre au lieu de l'unité, la dualité
des deux pouvoirs, boulangistes et bonapartistes admettent
encore au lieu de la subordination du pouvoir exécutif au
pouvoir législatif, la subordination inverse du parlement au
gouvernement. D'après la Constitution de l'an VIII qui
précéda le premier Empire, le pouvoir législatif était en partie
délégué par le pouvoir exécutif. En effet, les tribuns et les
législateurs (?) nommés sur des listes de notabilités élues à
trois degrés suivant le système hiérarchique de Sieyès étaient
choisis par le Sénat conservateur, lui-même en majorité
composé de sénateurs nommés par les deux anciens consuls
provisoires, Sieyès et Roger-Ducos et par les deux nouveaux,
Cambacérès et Lebrun, c'est-à-dire, ajoute J. Barni : « par
les complices ou les créatures de Bonaparte. ». D'après la
Constitution de 1852, qui précéda le second Empire, on se
contenta de donner l'initiative des lois au gouvernement et
de la retirer au parlement. Or, refuser au pouvoir législatif
la proposition et la préparation des lois pour ne lui réserver

que le droit de les discuter ou même de les voter simplement par oui ou par non, c'est tout au plus lui accorder le droit de s'opposer à certaines lois tout en lui interdisant d'en faire aucune.

Il va sans dire que sous le second, comme sous le premier Empire, la subordination du parlement au gouvernement se montre encore dans l'indépendance complète de celui-ci vis-à-vis de celui-là, qui ne peut ni interpeller ni accuser. Ainsi donc, par la suppression ou la compression du parlement, l'Assemblée, et partant la volonté nationale, est elle-même supprimée ou comprimée.

Mais, objecte-t-on, le dictateur ou l'empereur issu du plébiscite (on devrait dire de l'abdication du peuple) représente la volonté nationale. Il n'est pas difficile de démontrer la fausseté d'une telle allégation. En effet, la volonté du peuple est multiple, le pouvoir du dictateur est un. La volonté du peuple est variable, le pouvoir de l'empereur est immuable. Le parlement seul, qui est précisément l'Assemblée nationale, représente aussi exactement que cela est matériellement possible, la volonté nationale. Ajoutons enfin que, par le fait de cette unité et de cette perpétuité, le pouvoir dictatorial ou impérial devient forcément arbitraire et tyrannique. Ayant pour lui la perpétuité, il n'a pas à craindre d'être renversé et peut abuser ou mésuser de son autorité.

Ayant pour lui l'unité, sa volonté n'a pas non plus à craindre l'opposition ou le contrôle d'une autre volonté. Sous le régime parlementaire républicain, les volontés multiples sont les unes pour les autres des contre-poids, ce qui assure le peuple contre toute tyrannie. Enfin, les pouvoirs indéfiniment renouvelables trouvent dans ce fait même une sanction contre des abus qui pourraient leur interdire l'accès du parlement ou du gouvernement. Le parlementarisme a, en outre, l'avantage de réduire à néant un préjugé dangereux qui n'avait de raison d'être que sous les anciens régimes. Ce préjugé consiste à tout mettre sur le compte des gouvernants et à disculper complètement les gouvernés. Or, sous le régime parlementaire où le pouvoir exécutif émane du pouvoir législatif et où les législateurs à leur tour proviennent du libre choix des électeurs, il y a une injustice manifeste à attribuer tout le mal aux gouvernants et tout le bien aux gouvernés, selon la parole de Tacite : « *Secunda sibi, adversa uni imputantur.* » Dans une si petite proportion que cela puisse être, chacun de nous a par son choix, bon ou mauvais, contribué en bien ou en mal à l'état de choses existant. Le gouvernement est tel que le fait le parlement, et celui-ci, à son tour, est tel que le fait le peuple. Or, un régime dont l'amélioration dépend de l'amélioration même du peuple, qui pousse par conséquent ce peuple à s'améliorer intellectuellement et moralement, n'est-ce pas le meilleur régime politique ? Nous ne nierons pas que des imprudences, des fautes mêmes, mais surtout de déplorables incidents, n'aient contribué, dans l'esprit de républicains peu convaincus à discréditer le parlement actuel, mais ce n'est pas une raison pour attaquer le parlementarisme et imputer ainsi aux institutions les fautes et les vices des personnes. En ce qui concerne les institutions elles-mêmes, nous ne prétendons pas affirmer qu'elles sont parfaites. Bien des points sont à critiquer dans la Constitution actuelle, mais c'est précisément sous le régime parlementaire seul que le parlementarisme, bon en principe et en général, peut être corrigé dans la pratique et dans les détails, car c'est le seul régime qui soit à la fois perfectible et convertible, et celui qu'on veut aujourd'hui lui substituer n'est précisément ni l'un ni l'autre.

XIII

LA RÉPUBLIQUE

— SUITE —

LE PATRIOTISME RÉPUBLICAIN

> Avec ses aspirations vers la paix uni-
> verselle la République est encore la
> forme gouvernementale qui,dans tous les
> temps et dans tous les lieux, a fourni
> pendant la guerre les plus vaillants capi-
> taines et les plus sublimes héros.
>
> (P. Cordier.)

Tous ceux qui croient aux progrès de l'humanité admettent sans peine aujourd'hui que les frontières tendent de
plus en plus à s'effacer au point de vue politique, comme
elles se sont effacées depuis peu au point de vue économique,
et comme elles le sont enfin depuis longtemps déjà au point
de vue littéraire, scientifique, religieux et humanitaire. Il n'y
a que l'entêtement et l'aveuglement d'un pessimisme et d'un
scepticisme outrés qui puissent faire méconnaître cette évolution progressive en vertu de laquelle les conflits belliqueux
d'abord existant partout de tribu à tribu ont eu lieu ensuite
seulement de cité à cité, puis de nation à nation, faisant pres-
sentir une époque où ils doivent cesser complètement d'exister. Car le droit d'abord limité à la famille, puis à la commune, puis à la nation a fini par franchir les bornes de
celle-ci pour devenir international. D'autre part, les occupa-
tions industrielles et commerciales, scientifiques et artistiques
ont dans les différents domaines de l'activité humaine effacé,
avons-nous dit, les distinctions de races, de langues et de
peuples ; mais, en outre, elles ont en même temps détourné
un nombre de plus en plus considérable d'hommes de l'activité guerrière pour les porter du côté de l'activité pacifique.

Il est donc évident que le jour où tous les hommes dirigeront tous leurs goûts et toutes leurs aptitudes vers les arts, les lettres, les sciences, l'industrie, le commmerce et mettront de côté toute idée de gloire conquérante ou plutôt de vaine gloriole, la guerre finira d'elle-même et mourra de sa belle mort, le combat finissant alors faute de combattants disposés à combattre. Mais, hélas! nous n'en sommes pas encore arrivés là. Car, principalement chez les nations monarchiques, les aspirations pacifiques des gouvernés ne paraissent pas près de prévaloir sur les ardeurs guerrières et les ambitions dynastiques des gouvernants.

Néanmoins ceux-ci se trouvent malgré eux obligés de suivre le mouvement qui pousse tous les peuples vers la paix. Or, avant que tous les hommes en soient arrivés à ce degré de sagesse dont nous parlions tout à l'heure, la politique internationale pourra trancher pacifiquement les questions d'équilibre européen au moyen des arbitrages et des congrès. Il n'y a pas encore longtemps que ces vues eussent été universellement traitées d'utopies et de paradoxes, mais si l'on réfléchit que dans le monde scientifique et juridique le plus compétent comme dans les sphères politiques et diplomatiques les plus élevées, ces questions internationales sont à l'ordre du jour, il faut être, répétons-le, aveugle et sourd pour douter de l'avènement plus ou moins proche de la paix européenne. Est-ce à dire pour cela qu'à cette époque tout sentiment de patriotisme sera éteint? Non, certainement, il n'aura fait que se transformer et se perfectionner en une noble émulation tendant au développement matériel, intellectuel et moral de la nation. Et alors le patriotisme pourra être conçu en dehors de toute haine. De même que préférer sa propre famille à la famille d'un autre, sa propre commune à la commune voisine, son département au département voisin, n'implique pas qu'on haît cet autre département, cette autre commune, cette autre famille ; de même préférer son pays aux autres pays n'implique pas nécessairement qu'on a de la haine pour ceux-ci. Or c'est évidemment à cette préférence que se réduira le patriotisme quand l'évolution dont nous parlons sera arrivée à son ter.ne.

En exposant ici ces vues qui, d'ailleurs, ne nous sont pas personnelles (car cette pacification tous les républicains l'ont désirée sinon espérée), nous avons voulu montrer une fois de plus la supériorité des conceptions républicaines sur les idées étroites et mesquines des réactionnaires et « de quelques braillards à courte vue qui, comme le dit *le National*, prétendent au monopole du patriotisme ».

Mais nous ne sommes pas de ceux qui prennent leurs rêves pour des réalités. A côté de ce patriotisme pacifique que les générations présentes légueront peut-être aux générations futures, il y a aussi place dans notre cœur pour ce patriotisme guerrier, dont la situation actuelle de l'Europe nous fait une nécessité. Des milliers de soldats, armés de pied en cap, ne peuvent que présager de désastreux conflits, et nous savons que c'est un devoir, pour nous comme pour tous, de préparer les âmes aux mâles courages, aux nobles sacrifices. Mais ce n'est pas à la monarchie que nous irons demander des leçons de patriotisme, c'est à la République seule. Les régimes disparus ont eu leurs grands hommes et leurs grands capitaines ; nous ne voulons pas ici essayer d'amoindrir leurs hauts faits et de ternir leur gloire. Mais les aspirations patriotiques ont changé avec le temps, et ce n'est pas aux héros qui ont combattu pour d'égoïstes revendications dynastiques ou pour de vaines conquêtes que nous irons demander des exemples ; c'est aux héros qui ont combattu pour l'émancipation du peuple et l'indépendance de la nation, aux glorieux soldats de la Convention (Carnot, Hoche, Moncey, Jourdan, etc.). Ceux-là ne séparaient pas la Patrie de la République, et c'est pour cela qu'ils ont été glorieux et victorieux.

Car ce n'est pas la nation qui appartient à un homme ou à une famille, mais celle qui s'appartient à elle-même, qui montre le plus d'ardeur dans la bataille, le plus d'enthousiasme dans la victoire. Ce n'est pas le peuple qui est guidé par une aigle ou une fleur de lis, mais c'est celui qui combat sous les plis du drapeau national, qui est indomptable et invincible.

XIV

CONCLUSION

..... Le boulangisme qui a débuté aux
cris de : « Curés, sac au dos » et « princes, hors l'armée » termine son cours au
cri de : « Vivent les prêtres ! Vivent les
princes ! »

(Saint-Genest. — *Figaro* du 31 mars
1889.)

Oui, telle est bien l'incohérence de ce parti boulangiste, extraordinaire mélange de la lie démocratique et
de l'écume aristocratique, né dans les rues de Belleville
et élevé au faubourg Saint-Germain. Les républicains
ne réclament même pas le droit d'aller dans leur
fastueux palais ndoctriner les ducs, les comtes et les
marquis, mais c'est pour eux un devoir de pénétrer dans
ces humbles demeures de petits marchands et de petits
artisans, dans ces cités houleuses et populeuses qui
matin et soir déversent leurs torrents d'ouvriers gouail-
leurs, pour essayer de les ramener à cette république
que leurs cœurs sentent, mais que trop souvent leurs
esprits ne comprennent pas. On parle de mécontente-
ment; n'essayons pas de nier les griefs légitimes qui
ont fait de républicains peu *convaincus* des *mécontents*;
mais tâchons de montrer à ces mécontents leurs contra-
dictions et leurs inconséquences.

Ainsi après avoir attaqué, injurié et exécré l'oppor-
tunisme, qui pour eux n'est qu'un compromis entre la
République et la Monarchie, le progrès et la réaction,
ils préconisent et exaltent le boulangisme, qui ne man-
quera pas, au lieu de retourner insensiblement en
arrière, d'aller franchement en avant. Or, il se trouve

qu'aujourd'hui, le boulangisme, cette panacée universelle, est précisément une alliance, une coalition de
monarchistes et de républicains. Nous ne voulons pas,
disent encore ces mécontents, d'un Ferry qui mette les
soldats à nos trousses, mais d'un Boulanger qui
commande à ses troupiers de partager leurs gamelles
avec nous. Or, il arrive maintenant que celui qui était
acclamé tout d'abord comme l'ennemi de l'*autoritarisme*
déclare qu'il veut « relever l'*autorité* » et faire cesser
le règne du bavardage, probablement pour y substituer
celui du sabre.

Nous voulons, s'écrient-ils, une République fermée
aux partisans des vieux régimes, le général Boulanger,
qui a déjà expulsé le duc d'Aumale, achèvera de nous
débarrasser de tous ces « aristos ». Or, voilà maintenant que Boulanger déclare qu'il veut ouvrir la République à tous les partis. Enfin, s'exclament-ils, nous
n'aimons pas les demi-mesures, nous réclamons une
République égale pour tous et, par conséquent, la loi de
trois ans pour les curés comme pour les autres. Pour
arriver à ce résultat « c'est Boulanger qu'il nous faut ».
Or, voilà que Boulanger, dans de jésuitiques proclama-
tions faites au banquet de Tours et ailleurs, promet
solennellement de ménager le clergé. Un étranger
n'ayant jamais entendu parler de l'aventure boulangiste,
à qui l'on raconterait tout cela, ne manquerait pas,
surtout connaissant la vivacité du Français, de s'écrier:
« Mais alors, tous ces mécontents déçus l'ont écharpé ? »
Pas du tout ; cela viendra peut-être un jour, mais pour
le moment tous ces nigauds, tous ces badauds continuent à voir en lui le protecteur des opprimés, le
défenseur de la Patrie, le sauveur de la République.
Tout cela est tellement burlesque, grotesque et charla-
tanesque, que franchement il y aurait de quoi éclater de
rire si on n'était Français et si on ne craignait de voir une

telle comédie finir en tragédie. Laissons donc de côté le sarcasme et la moquerie et raisonnons un instant pour tâcher de ramener ce peuple égaré, dont le bon sens naturel n'a besoin que d'être éclairé. On admettra, pensons-nous, sans difficultés que des questions multiples, variables suivant l'âge, le caractère, l'état, la profession, l'éducation, le rang, la fortune, ne peuvent se trancher autrement que par la discussion, sans que ce soit au détriment de l'équité. De cette discussion ne jaillira peut-être pas la lumière, mais à coup sûr la justice, puisque la chose après avoir été librement discutée ne sera adoptée qu'à la majorité des voix, et il est évident, que devant la majorité la minorité doit, équitablement, s'incliner. Car il est juste, il est *légitime* que l'intérêt du plus grand nombre passe avant l'intérêt de quelques-uns. Or, remarquons-le, le parlementarisme n'est pas autre chose que la reconnaissance, en fait et en principe, de ces idées tout aussi simples que vraies. Sans doute l'impatience des démocrates avancés est souvent excitée par les tergiversations des républicains stationnaires et l'opposition des partis rétrogrades. Mais la République doit être assez *tolérante* pour supporter les conséquences mêmes du principe républicain. Une fois arrivés au pouvoir, les républicains auraient assurément un moyen très simple et très expéditif de supprimer radicalement tous les obstacles, ce serait d'interdire aux réactionnaires et aux conservateurs l'accès du parlement et du gouvernement. Mais outre qu'une illégalité ainsi flagrante ne pourrait être tolérée bien longtemps, une telle République serait plus oligarchique que toutes les aristocraties passées, plus tyrannique que toutes les monarchies anciennes, en un mot ce ne serait plus la République. Le parlementarisme est donc le seul moyen, non seulement *légitime*, mais encore *efficace*. Car, nous qui croyons au progrès, nous qui avons foi dans l'accroissement incessant de l'émancipation démocratique, nous croyons que, tôt ou tard, ce sont les idées progressives qui finissent par triompher des idées rétrogrades.

Quant à dire maintenant qu'il n'y a pas moyen, en corrigeant et perfectionnant la forme républicaine parlementaire, d'arriver plus vite à ce résultat, telle n'est pas notre pensée. Nous disions plus bas, que la République était à la fois perfectible et convertible. Il serait absurde et ridicule d'admettre que la constitution actuelle est parfaite, tout comme il est dérisoire de prétendre qu'il n'y en a pas de plus imparfaite. Voyons donc s'il n'y a pas quelques perfectionnements à apporter à cette constitution. Nous n'avons pas la prétention de faire éclore dans notre cerveau, en quarante-huit heures, quelque merveilleuse constitution; nous renvoyons pour cela au métaphysicien Naquet, le Sieyès d'aujourd'hui. Mais nous croyons devoir signaler ici quelques réformes, lesquelles d'ailleurs ne nous sont pas personnelles et répondent à un courant d'idées assez accentué dans le public. La Constitution de 1848 était la plus maladroite qu'on pût imaginer à cause du *dualisme* résultant de l'antagonisme de l'assemblée et de président, tous deux nommés par le suffrage universel avec cette différence, tout à l'avantage du second qui s'appuyait sur huit millions de suffrages, tandis que le même nombre à peu près de suffrages était réparti dans la première entre trois cents députés. Or, si la Constitution de 1875 ne met pas en opposition le pouvoir exécutif et le pouvoir législatif, elle crée un *dualisme* non moins évident en divisant le pouvoir législatif en deux, c'est-à-dire en opposant le Sénat à la Chambre des Députés. Il en résulte que les sénateurs plus âgés, moins détachés des vieilles traditions, font aux députés plus jeunes et plus attachés aux idées nouvelles, une opposition *systématique*, qui enraye la marche du progrès.

Nous sommes les premiers à reconnaître que la bouillante ardeur des jeunes a souvent besoin d'être tempérée par la prudente sagesse des anciens. Mais n'obtiendrait-on pas ce même résultat, avec les inconvévients en moins, en réunissant les deux corps en un seul? De cette façon le parti pris et l'opposition systématique seraient écartés. Car préparant et discutant les lois ensemble, les jeunes d'une part pourraient se rendre aux sages avertissements de leurs aînés, les vieux d'autre part pourraient céder aux entraînements *irrésistibles* des générations nouvelles.

Les mécontents ont encore contre le gouvernement actuel un autre grief non moins sérieux. Ils se plaignent de l'instabilité gouvernementale. Il est certain que le système républicain actuel avec ses ministres responsables *solidairement* devant un pouvoir législatif multiple et variable, crée fatalement l'instabilité, et que le système impérial ancien avec ses ministres responsables *isolément* devant un pouvoir exécutif un et immuable crée nécessairement la stabilité. Mais il va sans dire qu'entre le gouvernement instable de la constitution de 1875 et le parlement servile de la constitution de 1852, les républicains n'ont pas à hésiter un seul instant et aimeraient encore mieux garder celle-là que que reprendre celle-ci, s'ils se trouvaient dans l'obligation d'accepter l'une ou l'autre. Il est heureusement possible, croyons-nous, d'affermir le gouvernement sans affaiblir le parlement et cela de la façon suivante. Ne pourrait-on pas, en effet, retirer l'initiative des lois au gouvernement et ne la laisser aux ministres qu'en tant que membres des deux Chambres ou de la Chambre unique, comme cela a lieu d'ailleurs en Angleterre et en Amérique? Cette modification soustrairait ainsi les ministres à la nécessité de se retirer comme cela a lieu souvent devant l'opposition systématique du parlement.

Prenons deux exemples : la chute des deux derniers Cabinets. Qu'ont à faire, en vérité, le ministre de l'instruction publique et le ministre du commerce, je suppose, en tant qu'*administrateurs* de ces deux départements respectifs, avec une question politique telle que la revision? Que les ministres s'intéressent et se mêlent à la politique, nous n'y faisons aucune objection, on ne peut évidemment les réduire au rôle de simples fonctionnaires, mais que ce soit comme membres du pouvoir législatif et non pas comme membres du pouvoir exécutif. C'est, selon nous, le seul moyen de leur laisser comme législateurs une indépendance d'idées pleine et entière, et de ne les rendre dépendants vis-à-vis de la Chambre que comme administrateurs. En cette dernière qualité il serait bon aussi qu'ils ne fussent responsables que personnellement et non solidairement.

Une interpellation suivie d'un vote défavorable de la Chambre n'entraînerait pas ainsi forcément la chute du ministère tout entier. On pourrait tout au moins réduire la solidarité aux mesures prises collectivement en Conseil des Ministres. Quelle que soit la valeur de ces réformes simplement indiquées, telles quelles sont elles peuvent être le point de départ de réformes plus sérieusement mûries et nous engageons tous les sincères républicains à faire soit comme électeurs, soit comme députés, soit comme sénateurs des recherches dans ce sens et à montrer ainsi que pour convertir la république stationnaire en république progressive, il n'est nullement besoin de la travestir en dictature pour la pervertir ensuite en empire.

Paris. — Imp. E. Mayer et Cie, 13, rue Richer. — 9153.

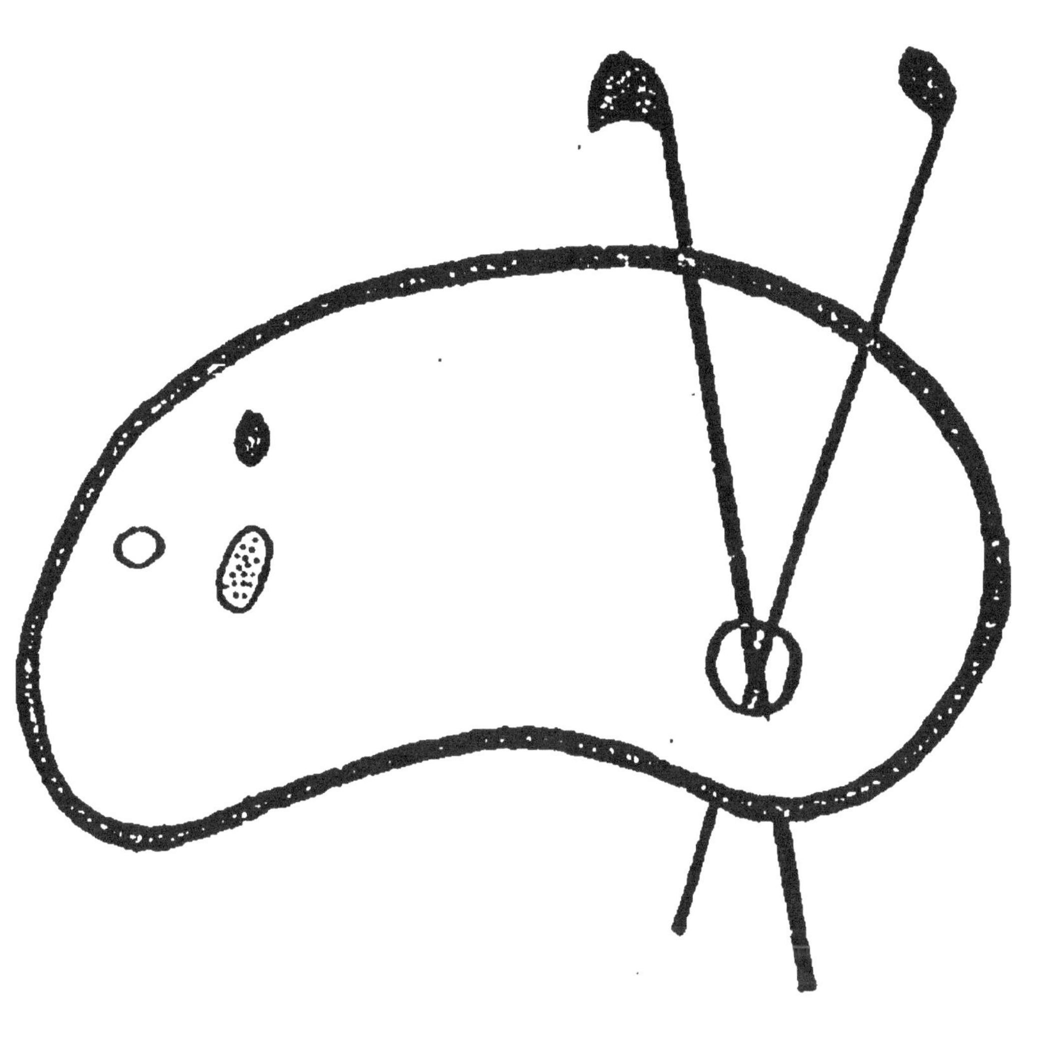